放手，才能强大

犹太父母如何教育青春期孩子

[美] 温迪·莫戈尔—— 著
Wendy Mogel, Ph.D.

俞婷 译

中央编译出版社
Central Compilation & Translation Press

赞 誉

《放手，才能强大》一书充满智慧，诙谐幽默且文笔优美。对于与青少年打交道的任何人来说，这本书无疑是知识宝库。

——哈罗德·库什纳，《当好人遭难时》的作者

我们都应该感谢《放手，才能强大》这本书。像温迪·莫戈尔本人一样，这本书很有趣，而且饱含常识。它提供了父母所需要的东西：对抚养青少年这一复杂而又令人抓狂的事情的看法。

——迈克尔·汤普森博士，
《这是一个男孩：你儿子从出生到18岁的发展》的作者

温迪·莫戈尔特有的幽默、谦卑和智慧在这本书中得到了充分的体现。她的声音是每一位父母都期待听到的声音。她的见解中充满了一种极具吸引力的信念，这种信念在寻求道德和实践指南的父母中引起了普遍的共鸣。这是一本值得一读再读的好书。

——朱迪思·沃纳，《完美的疯狂》和《我们有问题》的作者

这是一部诚意之作。温迪·莫戈尔就各种青少年问题提供了实用的建议和令人欣慰的观点。在过度竞争、过度警惕和过度活跃所驱动的文化中，这无疑是幽默、理性和富有同情心的声音。这本书为我们提供了成为更自觉、更自信的父母所需要的实用法则。这不单是犹太人的智慧，而是全人类的智慧，我是最为感激的接受者之一。

——卡特里娜·凯尼森，《平凡一天的礼物》的作者

"妈妈,我能去外面游泳吗?"
"当然,我的宝贝。
记得自己把衣服挂在山胡桃树的枝丫上,
但一定不要靠近水。"

——《鹅妈妈童谣》

勇于挑战,即为有福(Baruch B'al Milchamot)。

——犹太谚语

中文版推荐序

犹太父母的青春期教养智慧

非常感谢青豆书坊的邀约,让我有机会览读温迪·莫戈尔博士的这本书《放手,才能强大》,并为之作序。这本书主要针对的是青春期孩子的养育问题。这是我最近非常关注的一个话题,因为我的女儿正步入青春期,而我也正在学习如何成为一名青春期孩子的家长。一口气读完本书,我仿佛发现了一个新的宝藏。

提到"青春期"三个字,大部分人头脑中都会出现诸多关键词:叛逆、难沟通、难懂……对于许多父母而言,青春期着实令人头疼不已。我在工作中收到的来自父母最多的反馈就是:青春期的孩子太难管怎么办?他们不愿意和父母沟通怎么办?叛逆怎么办?学习成绩下降、沉迷网络怎么办?

青春期孩子的养育难题,似乎已成为父母们共同的困扰。在书中,莫戈尔博士提到,即使长年研究心理学和教育学,她在面对进入青春期的两个女儿时也会感到束手无策,也需要不断学习、吸收各种经验。正是在这一过程中,她重新学习犹太文化,从中发现了关于青春期养育的独特智慧,并将其成功运用到具体的育儿实践中。

在本书第一章里，莫戈尔博士提出了要"认识你的青春期孩子"。她分享了在两个女儿进入青春期后自己及家庭的种种变化：她所经历的迷茫和不适；家庭失去了原有的和谐；更多的争吵和痛苦……对此，我非常理解。我的女儿今年刚满13岁，我已经从她的回答中发现，她比以往任何时候更容易说出"不"这个字眼；面对新的安排，她不再表现出欣然接受的态度，更多时候她会直接反问："为什么？一定要做吗？不做可以吗？"这让我经常不得不平衡自己的内心，因为我明白，女儿正在从一个凡事听妈妈话的小女孩蜕变为一个具有独立思想和独立人格的人，这个过程也许会令我感到失落甚至受挫，但这都再正常不过。正如作者在书中所言，陪伴孩子度过青春期这一漫长而艰辛的旅程是痛苦的，然而这种痛苦是父母养育孩子所必须经历的痛苦，这条路没有捷径。

莫戈尔博士在书中提到了这样的犹太育儿观：父母应该成为有智慧的领导者和冷静的权威者，懂得在合适的时机放手和离开。这对于中国父母（包括我）来说都是一个巨大的难题，但犹太文化对这一问题的回答，给予了我深刻的启迪。

这里给大家分享一个故事。有一次，我带领一个教育代表团赴以色列游学。在此期间，我们受邀去耶路撒冷一所著名的犹太会堂，拜访一位在当地极有名望的大拉比，听他做关于犹太家庭文化的宣讲。这位拉比出身于以色列最显赫的拉比家族，是家族中培养出的第十代"大拉比"。但是，他的三个孩子——两个女儿和一个儿子最终都没有成为拉比，而是在青春期阶段就选择了发展自己的兴趣爱好：儿子喜欢音乐，两个女儿一个爱好翻译，一个对文学颇感兴趣。我们对此感到不解，问他："您在得知孩子们的选择后，是否曾为他们不能继承家族的荣誉而觉得遗憾？"拉比眼含泪光，意味深长地回答："当然。但我知道，我更重要的身份是一名父亲。为人父母的首要责任是无条件地支持和信任孩子，帮助孩子成为他们想成为的人。"我们在场的所有人都被这份无私的爱深深打动。面对孩子的独立选择，这位大拉比的态度传达出了犹太文化中一个重要的教育理念，即"父母要了解你的孩子，尊重你的孩子"。

本书中，作者用大量篇幅向我们介绍了青春期孩子的独特之处，告诉父母：要学会接受孩子们独一无二的特点；明白实现家长的梦想并不是孩子的任务，孩子有选择自己人生的权利。青春期的孩子对父母说"不"是正常的，情绪不稳定、十分善变、做出一些只针对父母的无礼行为也是正常的，因为他们正在以独特的方式去感知和体验这个世界，为顺利步入成年做准备。作为父母，我们必须给孩子时间去成长，同时在家庭中设立最低的尊重标准，为孩子的"特殊"保留一定的空间。

此外，作者还指出，帮助青春期的孩子独立、引导他们学会自主解决问题，是为人父母给予孩子的最大祝福。父母应该有意识地让孩子接触不同的人群、体验丰富的事物，即便过程中偶尔伴随着挫折和痛苦，那也是对孩子成长有益的礼物，它能够让孩子在错误中吸取教训，并且学会承担自身行为所导致的后果。

青春期的孩子通常有这些特点：热衷于熬夜，容易情绪失控，时间管理很糟糕……他们不停为我们设立困难和挑战。对此，明智的家长知道：仅仅使用严厉的惩罚措施是无效的；给予孩子信任和支持，适当地放手，才是正确的做法。终有一天，长大成人的孩子会理解父母的苦心。

最后，祝福所有的父母朋友们，面对青春期的孩子时，能够少一分恐惧，多一分理解，去接纳孩子的独特个性，以及他们带来的全新挑战。同时，非常感谢本书作者温迪·莫戈尔博士，用一种全新的视角为我们阐述了不一样的青春期养育智慧，让我们多了一分期待和勇气。

周颖
犹太教育研究者
美国北卡罗来纳大学教育心理学硕士
以色列希伯来大学国际合作顾问

作者备注

除非我另外做标注,否则这本书涉及的所有犹太育儿方法都源于以下几种途径:

首先是希伯来文的《圣经》注释,大部分译文均来自由冈瑟·普劳特拉比创作的《摩西五经:现代评论》(The Torah: A Modern Commentary)一书,还有由亚伯拉罕·本·伊塞亚拉比和本亚明·沙夫曼拉比创作的《摩西五经和拉什的评论》(The Pentateuch and Rashi's Commentary)一书。

书中的其他译文则来自1985年由犹太出版协会出版的《犹太圣经:圣经的新译》(Tanakh: A New Translation of the Holy Scriptures)。当需要从二者之间做出选择时,我一般会综合两种想法,然后得出结论。

关于摩西·迈蒙尼德(Moses Maimonides)的引言来源于由菲利普·伯恩鲍姆为《律法新诠:迈蒙尼德的法律与道德准则》(Mishneh Torah: Maimonides Code of Law and Ethics)所作的翻译和评注。巴比伦塔木德中的教育方法都来自斯科特恩斯坦版《塔木德》(Talmud Bavli)。第8章中吉隆迪拉比关于悔改的观点,以及关于乐趣的观点都是受到了约瑟夫·特鲁什金拉比的经典著作《犹太人的智慧》(Jewish Wisdom)一书的提点。

目　录
CONTENTS

第1章　认识你的青春期孩子　1

第2章　个性之福：接受青少年独一无二的特点　11

  实现家长梦想并非孩子的任务　16

  健康成长比为大学拼命更重要　20

  孩子拒绝你是正常的　22

  尊重孩子的能力与局限　23

  孩子的志向与你的并不同　26

  要对孩子有清晰的认识　28

  给孩子时间去成长　29

  对"高校热潮"保持远见　32

  停止对孩子的衡量和比较　34

  珍惜你平凡而神圣的孩子　35

第 3 章　尊重之福：冷静看待青少年的无礼行为　　39

　　　平和对待孩子的无礼行为　　43
　　　孩子无礼行为背后的原因　　47
　　　只针对父母的无礼行为　　55
　　　将双重意识作为育儿策略　　56
　　　为你的家庭设立最低尊重标准　　57
　　　为青少年做善意的投资　　63

第 4 章　责任之福：作业、家务和工作的真正价值　　67

　　　细节很重要　　70
　　　教孩子认识到日常事务的神圣　　71
　　　降低家庭作业的压力　　72
　　　家务是生活中的一门课程　　79
　　　薪酬制工作的益处　　87
　　　每日的工作都是一份礼物　　95

第 5 章　自制之福：引导青少年的"恶的冲动"　　97

　　　你是一个正常的自恋者　　99
　　　关于"恶的冲动"　　101
　　　孩子自我克制的障碍　　104
　　　教孩子学会做预算　　107
　　　不要过度满足孩子　　108
　　　消除媒体和广告的影响　　112
　　　当孩子破坏和丢失东西时　　114
　　　父母要拒绝当免费劳动力　　116

消除孩子的自我中心意识　　119

　　　家长适度的自恋主义　　122

　　　帮助孩子寻得幸福感　　124

第 6 章　独立之福：让孩子自主解决问题　　129

　　　体验"有意义的痛苦"　　132

　　　让孩子自己去承担后果　　140

　　　让孩子从犯错中吸取教训　　143

　　　关爱的消极面　　150

　　　做孩子的辅导员而非服务员　　153

第 7 章　时间之福：为休息和娱乐腾出时间　　155

　　　和孩子一起度过休息日　　160

　　　延续休息日的神秘感　　162

　　　重拾家庭的乐趣　　164

　　　赞美逝去的时间　　167

　　　理解青少年熬夜现象　　172

　　　家长也要适当放松　　175

　　　建立家庭"庇护所"　　176

　　　抓住青少年提供的灵感　　178

第 8 章　经验之福：把现实生活当成道德实验室　　181

　　　来自家长的道德陷阱　　183

　　　家长要克服对自然后果的恐惧　　187

　　　教导孩子"悔改"　　189

成为行动派家长　191
贯彻悔改教育　193
超越惩罚：与孩子共同面对"恶的冲动"　194
为后退做准备　201
有时也要注意外部反馈　202
家长是孩子的榜样　204

第9章　放手的勇气　209

附录　给青少年父母的教养指南　215
致谢　230

第 1 章

认识你的青春期孩子

作为青少年的父母,我们应该以"冷静的权威者"这样一种全新的角色引领他们。

在《放下孩子》一书出版后,很多读者询问我创作这本书的缘由。我的初衷很简单,为了让自己按照书里写的那样做到科学育儿。这些方法大体上很管用。当开始使用这些犹太育儿方法时,我果断放弃了曾经用来养育我两个女儿的"洛杉矶育儿标准"——即过度保护、过度干涉、过度放纵,以及过高期望。

我每天都在用犹太法典里的格言提醒自己:每个父母都有义务教会孩子游泳。遵循这个理念,我教会了孩子们如何攀爬高大的树木、如何使用锋利的小刀、如何做饭,等等。因为我们住在南加州,所以她俩在很小的时候就已经学会游泳、跳水和深潜。

当我的第一本书出版时,我的两个女儿一个9岁,一个13岁,那时我满怀信心地期待着她们青春期的到来。因为我是一个社会临床心理学家,接受过相关的专业训练,能结合患者的文化背景发现他们的情绪问题,我的专长就是研究儿童心理发展。三十年来,我帮助许多家庭及时发现并有效解决了孩子青春期的问题,我了解青少年个性的形成和发展、青春期对情绪的影响、生理节奏是怎样干扰青少年的睡眠周期的，以及他们对多巴胺的热切渴望；我清楚地意识到快速发展且极具市场竞争力的粗俗文化对青少年优秀品格的发展造成了不可挽回的负面影响；同时，我也很警惕在面对焦虑、饮食失调、自我伤害、沮丧、学习困难、注意力不集中和药物滥用等问题时，当代青少年极易产生挫败感这一现象。

我认为凭借自己掌握的种种专业技巧，能够正确引导女儿解决青春期常见的问题。我期待，她俩安然度过青春期后，会变得更加成熟稳重和有责任心；在我的精心指导下，我们能够培养共同的兴趣爱好，享受更深层次的沟通与交流。我希望她们高挑、聪明、能言善辩，我们的家庭生活也能更加和睦融洽。

但事与愿违。

随着两个女儿渐渐长大，愉快的家庭生活也在逐渐消失。和我想象的恰恰相反，她们抵触一切应当履行的义务。例如，她们晚上不睡，早上不起，更不愿意做家务——给我的理由是："不！妈妈，放学后我们要参加乐队训练，明天还要测验！"她们的房间也不再干净整洁，满地都是乱丢的衣服和水杯，一片狼藉，但两人却一致地选择视而不见。我们的日常交流，也变为从紧闭的房门里传出的种种无礼话语，甚至是刻薄的中伤。

每当看到家中状况百出，所有人都充满怨恨，我就不禁质疑自己是否是一个合格的母亲，我想知道挽救这一切是否还来得及。我已经毁了自己的孩子吗？不！我绝不能轻易妥协，我必须做出改变。但是，我苦于从何入手，毕竟问题太多了。我曾告诉自己，应该放手让她们去犯错，让孩子在磕磕绊绊中学会成长。现在看来，这个想法过于幼稚。如果孩子的所作所为真的酿成大祸呢？如果真的对她们的健康和未来造成难以挽回的伤害呢？我在咨询中帮助无数家庭走出困境，此刻却对自己的孩子束手无策。

除了感到愤怒和困惑之外，我也特别心酸。女儿们还小的时候，我和她们在一起的每一天都充满了柔情与欢乐，她们会说："爸爸妈妈，快和我一起躺下来……再给我读一本故事书吧……能等我睡着了再走吗？"但是现在，她们的房门上却贴上了这样的话："禁止入内！说的就是你！"我？作为她们的母亲，我曾经为她们更换满是污渍的床单，也曾经哼着小夜曲，一下又一下轻晃着摇篮伴她们入眠。而现在，我却成了那个被拒之门外的人！

这时，我突然眼前一亮，记起还有犹太教育法！是它帮助我将那些琐碎的家庭育儿问题重新变为神圣的事情。它让我想起：孩子都只是从上帝那里借来的宝物。作为家长，我们仅仅是管理员而已。它逐渐引导我接受最基本也是最有用的"适度、庆祝、圣洁"的原则。

没错，我始终在努力尝试把犹太礼仪带入我的家庭。我打算重新开始烤面包。每个星期五晚上，我都会在家烤面包。我想象着，当烤面包的香味慢慢飘向两个孩子的房间，她们会顺着扑鼻的香味下楼，露出欣喜的笑容。她们会驻足，微笑地看向摆放美观的安息日晚餐，然后迫不及待地加入一场有助于家庭和睦、提升精神层次的仪式中来。我们会讨论《摩西五经》（*Torah*）中关于家庭和睦的部分，两个女孩表现得懊丧却又充满希望，她们急于知道到底如何做才能弥补因为态度糟糕、缺乏感恩之心以及好吃懒做而对家庭造成的伤害。

当然，这些想象都只是自作多情而已。

周五晚上，两个孩子解释她们太忙，没法和我们一起吃安息日晚餐。我再一次发现，家里只有我和丈夫两个人，守着一桌子的烤面包、果汁和葡萄酒，沉默地坐着深思。我已经想通了，重拾犹太礼仪这件事对解决家庭矛盾依然有很大帮助，但目前更重要的是淡化一种家庭礼仪观念，转而支持我个人的精神立场。

值得庆幸的是，我再一次发现了古代犹太教育方法中的实用智慧。我重新阅读了犹太传说——从埃及到应许之地[1]的旅程。我曾经听说人们把这段从被奴役（"童年"）到成为应许之地统治者（"成年"）的旅程描述为"犹太人的青春期"；但是现在，当亲眼看到正在这一趟旅途中的人（正值青春期的两个女儿）后，我对这个比喻有了全新的认识。

故事中摩西不得不忍受四十年的时间带领一群抱怨者。每一次摩西转身，即使只有一分钟，这群抱怨者就会制造出类似于青少年给父母造成的种种麻烦：吃太多吗哪[2]；崇拜一个表面闪光、内在虚伪的假偶像；肆意狂欢。当摩西试图与人们讲道理时，他们便讽刺道："你把我们带到这个鬼地方，是因为埃及缺少坟墓吗？"他们威胁着想要造反。他们呻吟着，哀号着，想要重新做回奴隶。与故事相似的是，孩子的青春期一定要比实际的旅程更加漫长与艰辛；只有这样，青少年才能发展勤劳的智慧并最终得以成长。这条路没有捷径可言。

孩子的青春期没有捷径可走，认识到这点对于父母来说非常重要，但我却忽略了它。作为一名心理学专家，我的专业知识并没有使我的家人免受青春期所带来的种种问题。难怪犹太民族中有这样的观点：养育青少年一定是一个艰难的过程。

犹太人说，青春期的痛苦是父母养育孩子所必须承受的痛苦。从

---

[1] 《圣经》中上帝许诺给以色列人的沃土。
[2] 《圣经》中古代以色列人出埃及时上帝赐予他们的食物。

我职业生涯中的所见所闻可以了解到，这种痛苦大都源于孩子与家长分离时所做的各种努力：他们搬出去住，开始自己的生活以证明自己，与此同时又极其渴望安全感与舒适感；他们反对权威，也会下意识地让父母减少对自己的关注度，以便能更轻松地离开父母；他们更依赖自己的朋友，然而这些朋友和他们自身一样，也处于不稳定的尴尬境地。

这是青少年的任务：反对自己的父母——为了获得强烈的是非感，他们故意犯错；为了充分建立起自我认同感，他们拒绝父母的帮助。这段"必要的痛苦"是一定要经历的。如果父母不够重视这段旅程，坚持像我一样尝试寻找捷径，不给孩子抱怨、犯错以及拒绝我们的时间，孩子就永远无法到达旅途的终点，永远得不到成长。我必须再一次申明，我开始创作是因为我必须这么做，我需要不断地提醒自己去爱孩子们必经的道路——那一条"穿越沙漠"的崎岖之路。

我发现自己又一次回到了犹太民族的传统之中，它建议人们每天至少感恩一百次：早晨起床梳洗后，吃当季第一批成熟的水果前，穿新衣服时，都要感恩。甚至不如意时，也有规定的感恩词："感谢上天赐予我提升精神层面的考验。"

由此，我深刻地意识到，对于我们家长来说，在面对青春期分离带来的痛苦时，时常说一些祝福的话才是更加明智的做法。这并不是说我们采用了一种粉饰太平的错误态度，而是我们应该认识到这种痛苦是一种青春期正常进行的标志。

了解青少年青春期发展特征至关重要，如果没有这种认知，我们就会把青少年普遍而正常的叛逆视作一种个人化倾向。我们被卷入青少年发展的问题之中，在孩子的问题上思维变得混乱纠结，以至于没办法后退一步冷静思考并提出清晰的方向。我们并没有把孩子引向例如自力更生、自我控制、有节制以及颂扬有教养者的犹太民族的价值观,而是基于对媒体的恐惧或者对申请大学是否有价值去做出选择。

我建议迷茫的父母们将青春期看成是一种福气,而不仅仅是一种好听的哲学。作为家长,你应该培养一种感恩的态度,同时转变自己的观点,而不是试图控制你的孩子。接下来,我在每一章都描述了关于青少年问题普遍的抱怨,并将其视为健康的心理发展或精神进步的标志:

- 青少年种种古怪的、不符合家长心理预期的行为让人感到非常恼火,这表明孩子们的独特个性正在逐渐展露。家长如果能宽容地接纳这种自我表达,就会在无意间增进孩子们在心理、道德以及精神层面的成长与进步。
- 青少年的粗暴无礼是一种悖论。它让家长知道,孩子虽然不顾一切地想要远离大人们,但与此同时,家长又是合适的人选,能够接受孩子的不成熟和安慰由此带来的懊恼。此刻就是家长为孩子设定合理底线的时机,告诉他们成年人不会轻易被粗鲁的举止激怒。
- 在遭受拖延和懒惰带来的种种恶果后,青少年们就知道努力工作的重要性了。对此,明智的父母会选择顺其自然,即使孩子的发挥低于预期水平。
- 在身份快速转变的青春期,青少年有物质主义倾向和以自我为中心的表现都是正常的。就如同一个怀孕的女人会时刻关注自己的内在,思考自己的身体发生了怎样的变化,

放手，才能强大
The Blessing of a B Minus

幻想着孩子将来会像谁一样——青少年们也全神贯注于自己的内心变化。家长可以锻炼自己在这一阶段的容忍度，并适时教育青少年如何不以自我为中心地去考虑未来。

- 通常青少年违反规则甚至法律，是因为对道德体系中那些生搬硬套的东西极度不满。孰是孰非？成年人制定的规则就一定是他们自己愿意遵守的吗？有没有例外呢？通过让孩子弥补他们的过错，帮助他们转移和抒发狂躁的情绪，父母可以让青少年深入了解道德准则。

- 青少年一直处在水深火热中，他们并不懂得很好地预测危险。这就为学习如何自立提供了一个绝佳的机会：如何从利益角度出发解决问题。

- 熬夜有时候是青少年争取独立的表现，同样，在外面闲逛也是他们释放压力的一种方法。家长应该尊重青少年放松的需求，并且保护他们休息和娱乐的权利。

- 最后，尽管青少年始终都在家长的引导下生活，但家长应该限制孩子过量饮酒、亲密接触和滥用药物，教会孩子怎样应对这些强烈的诱惑并保护自己。

我知道要将孩子的各种挣扎转化为福气并不容易，这既需要洞察力，又需要勇气。在希伯来语中，"埃及"（*mitzrayim*）一词表示"困境""逼仄之地"或"障碍"。犹太人从埃及出逃，在沙漠中穿行，谁也无法保证沙漠彼端会出现什么。远方的沃土仅仅是一个简单的承诺，大家必须对领头人摩西和无法预知的未来有信心。青春期也一样，这是一段没有计划和保障、充满各种变数的时期。在孩子跨过青春期这片沙漠的旅程中，我们确实需要保护他们，但那并不是我们的主要任务——最要紧的是尽可能地引导他们顺利度过青春期。

养育青少年的另一种福气就是：这是一个锻炼和发展父母领导力的最佳机会。孩子年幼时，你应该好好引导他们积极向上。你要允许他们摔倒，从错误中吸取教训；但其实你也做了很多具有实际意义的事情。比如：检查他们的背包，看里头是否还有没完成的作业；确保他们已经洗了头；冬天的时候，再三确认他们戴上了帽子和手套。现在，作为青少年的父母，你的任务就是要违反直觉。如同一个公司的管理者要拒绝细微化管理以保证更有效率；你要做的是锻炼"员工"（青少年）的独立性，自己则尽量少做，避免大包大揽。

恰当的分离既不冷漠，也不会缺乏爱心，它并不意味着你彻底抛开了为人父母的责任。恰恰相反，分离是一种既要求关怀又需要放手的平衡行为。

作为孩子的"领导"，当孩子们表现出焦虑、伤心和抵触的情绪时，家长应该保持理智，尽量选择放手，退后一步。我们应该在尽心尽责的同时又不失幽默地去看待每天发生的事情，既懂得关怀又做到放手。面对一些情形，比如全校范围内流行的传染病，儿子违反交通规则被捕，女儿因失去最好的朋友而闷闷不乐，你既要表现出关心，又要适度放手。

家长需要懂得区分危机与紧急状况。孩子在外大受欢迎，你也不要对此表现得过度担心。任何事都不宜操之过急。在家庭生活之外，你完全可以多培养自己的兴趣爱好，以消除那些多余的紧张。总的来说，家长应该尝试在生活中寻找幽默感。深呼吸，然后放手，为孩子的成长创造更大的空间。

放手，才能强大
The Blessing of a B Minus

犹太人的教育方法让我们不再用短浅的目光去看待每天发生的事情，例如"我女儿的数学考试得了'B'，天都要塌了"。我们需要承受住严峻的考验，内心沉到信仰的更深层。尽管孩子的成长到了关键时刻，家长急得像热锅上的蚂蚁。然而，我们需要用一种更长远的眼光去看待青少年的发展问题，才能得到更高层次的阅历与智慧。

从《放下孩子》一书的出版到现在这一本书写成的十年间，我见过无数善良、体贴、明智的父母不断与各种麻烦做斗争——这些家长包括我的客户、朋友、家人和那些听过我讲座的父母，甚至还有我自己。我也见证了每一个孩子的发展，这些孩子几乎都成长为优秀且有趣的年轻人。现在，我仍然清晰地记得我在两个女儿青春期时所感到的忧虑、困惑以及恐惧。但当我回首这段旅程，对于她们在此期间体验的友情和冒险，以及在成长中所付出的努力，我也感到满满的欢喜。

作为青少年的父母，我们应该以"冷静的权威者"这样一种全新的角色引领他们。这不光是为了我们与孩子，更是为了社会，为了让世界变得更美好。

第 2 章

个性之福：
接受青少年独一无二的特点

接受青少年的个性和自然进化，将会是家长最艰难的一项挑战。这意味着你需要与孩子并肩作战，尽力配合他们独有的发展时间表、天赋、脾性和风格，而不是从中作梗，一味地提反对意见。

一所高中的系主任告诉我，有个女学生瞒着父母加入了戏剧俱乐部。女孩的家长特别希望她能考进一所重点大学，他们认为这种课外活动非常无聊，对考大学没有任何帮助。所以当女孩参加排练时，她总是告诉父母自己去图书馆或朋友家学习了。女孩的朋友、戏剧老师及俱乐部成员都在帮她保守这个秘密。她的父母从未发现这件事，也从未观看过女儿任何一场戏剧演出，因此他们从来没有看到过女儿做自己最喜欢的事情时是什么模样。

后来，我把这个故事讲给在另一所高中戏剧专业的指导老师听时，他说家长担心参加戏剧活动会影响成绩，却没有看到戏剧背后真正的财富。当他告诉家长们："戏剧俱乐部为孩子的成长提供了丰沃的土壤！"家长们这才松了口气。

当我在演讲中提到这个故事时，观众们发出了阵阵笑声，其中夹杂着些许诧异与欣慰。他们惊讶于有些家长竟然错过了孩子的演出；同时，他们又感到无比的欣慰——在引导孩子顺利进入成年期的艰苦过程中，自己并不是唯一一个有时候不认可或不尊重孩子真正的才能与梦想的人。

第 2 章 个性之福：接受青少年独一无二的特点

在《放下孩子》一书中，我说过要接受孩子最真实的自我——并不是一个处处过人一等的小冠军，而是一个平凡又普通的孩子。从孩子上中学开始，再悠闲的家长也会发觉他们变得很难接受自己的孩子。当孩子进入青春期，你会突然发现：同样的成长阶段，孩子承受的关键性时刻要比自己过去承受的更多，面临的危机也更多。家长之间的对话也开始转向如何帮助孩子在上高中前找到合适的定位：

> 瑞秋并没有很强的自制力，我非常担心她如果现在不参加天才班课程，以后很可能与一群品行不端的小混混们混在一起。

在派对上，家长不再讨论去哪里能买到健康的零食，他们更喜欢谈论的是竞争激烈的大学申请过程：

> 你有没有在"大学机密"网站（collegeconfidential.com）上读过这样一则消息——会吹奏管乐器的孩子拿到奖学金的概率更大？这就是杰瑞米学习双簧管的原因。你能为本杰明找一个新的数学家教吗？

让人难以置信的是，早在六年级，选择选修课就已经成为一件让家长倍感焦虑的决定：

> 艾莉森能申请到国际语言课程吗？还是，现在是时候让她专修一门法语了？

放手，才能强大
The Blessing of a B Minus

我们认为，孩子还小的时候，完全可以享受他"平凡又普通"的荣耀，但是，一旦孩子长大了，就不可能这样了。现在"一切都变得很重要"，仅仅是"平凡"已经远远不够——尤其是当青少年就像一块代表家庭的"行走的广告牌"那样展示在公众面前时，当青春期很可能会永久塑造他们的性格时，或者当他们即将进入大学校园时。

这是一种将青少年当成有待开发的产品或是待检查的包裹一样的强烈感觉。优秀的体育成绩？没问题。精通至少一种乐器？没问题。学业能力测验成绩优异？没问题。苗条又健康？没问题。学生领袖？没问题。似乎孩子在各方面没能达到全面发展的标准，就是家长的渎职。

一位母亲向我吐露了她对儿子亚当的担忧：

> 他是一个很棒的孩子。他始终热爱玩火车模型，也一直喜欢和妹妹一起玩耍。所有人都很喜欢他，常常围绕在他身边。但他并没做出什么成绩，也没有找到自己真正热爱的事情。他只有14岁，但当我看到其他家长对待孩子的态度后，我感觉他的人生只剩下两种处境：位居人前或落于人后。这驱使我不断地思考自己应该为亚当做些什么，我应该不断督促他，让他把火车模型暂时搁置一边，去玩一些不那么幼稚的东西。这让我感到非常难过，毕竟他是家里最快乐的人。快乐是一个很好的品质，不是吗？

寄希望于孩子成为全能者——一个在学术、社会、艺术和体育等各方面都出彩的机器，这并不是真的爱孩子。期望所有人都完美的想法一点儿都不实际。当我们这样做的时候,孩子会经受各种折磨。

我曾是一所学校的辅导员,在过去的十年里,青少年为追求完美而造成的各种惨剧,早已成为辅导员们在会议中最热议的话题。据辅导员描述,男孩释放压力的方式,或是沉迷于各种网游,或是不做作业。这些男孩的家庭作业数量远超父母辈的,但是他们没法精确地说出这些作业有多无聊、多沉重。他们还不够成熟,无法在完美与失败之间找到一个平衡点,于是他们选择投降。

女孩呢?她们选择把痛苦施加在自己身上。就像诗人艾德丽安·里奇写的那样:当女孩们无法触及或是表达内心的愤怒时,她们就会像生锈的铁钉那样向内部施压。她们希望自己在外人眼中是完美的;但是私底下,她们常常让自己挨饿,用刀割甚至用火烧自己,以为生理上的疼痛能帮助释放压力。我治疗的一个女孩这样说过:"当我觉得在某件事上很失败时,我就会伤害自己。"

我们的文化对于成功的定义非常狭隘:分数、合群、理想、外貌。这些条件常常出现在父母的育儿清单上,旨在打造一种让人满意的成人生活。不管孩子处于青春期还是学龄前,我们都不应忘记孩子有自己的成长方式,没必要按照我们为其设定的方式生活。

一些青少年有着过人的天赋和才能,只是这些优秀的品质有时容易被忽略,或是很难用数字去衡量:他们能够与动物玩得很好,或者能迅速地与公交车上邻座的人找到共同爱好,又或是对色彩有一种既狂野又和谐的直觉。有些品质的确显得与众不同,但那并不意味着某种缺陷。

青少年也处在不断变化中,他们天生无定型、无定性。今天你在他们身上看到的品质,很有可能下周一就消失了。大自然已经赋予他们发展的速度，作为家长，我们决不能随意揠苗助长或放任不管。接受青少年的个性和自然进化，将会是家长最艰难的一项挑战。这意味着你需要与孩子并肩作战，尽力配合他们独有的发展时间表、天赋、脾性和风格，而不是从中作梗，一味地提反对意见。作为家长，你对孩子天性的接受程度，你在孩子开拓天赋、建立自信和对生活的热爱、学会自尊以及尊重父母方面起着至关重要的作用。

除非你意识到追求完美背后疯狂的驱动力，否则你将很难毫不犹豫地接受自己的孩子。这其中包含了很多因素，主要源于三点：家长自己尚未完成的梦想，对大学和未来的恐惧，以及被青少年拒绝的痛苦。

实现家长梦想并非孩子的任务

对于家长来说，为孩子的将来设立公开或是隐秘的梦想是再正常不过的事。只是，这些梦想应该基于孩子的实际能力，而不仅仅是父母期望孩子这样去做。有太多尽职的家长为孩子描绘了这样一幅蓝图：

> 我儿子的全科成绩都是优，他是曲棍球队队长。他设计了一个网页程序，这个程序非常成功，由此带来的收益能够补贴他的大学学费。同时，他和他的女朋友还会在夏天去教贫困家庭的孩子如何上网课。

但也存在着其他的梦想。一位有两个儿子的母亲告诉我："我只希望他们都能开心快乐，他们中有一个人会成为艺术电影的布景设计师，会坐船去环游世界，等以后我和朋友们住在疗养院时，能给我们讲一讲环游途中有趣的故事。"或者可能家长自己热爱艺术最后却从事了法律工作，但恰好发现女儿在绘画方面天赋极高。

家长都希望以孩子为荣，但一定要小心谨慎。当我们为孩子设立各种不切实际的成就时，其实我们已经跨越了一条重要的线。你想让孩子既是学者、运动员、企业家，又是一个人道主义者？几乎没有几个成年人能同时拥有上述才能。那么，寄希望于你的孩子变成这样的人，对他来说公平吗？希望孩子去实现家长未完成的梦想——过艺术家的生活、毫不费力地寻觅到相处融洽的另一半，或是拥有令人惊叹的职业生涯——这种做法极其危险。

那些不能接受自己的生活、外貌或成绩的家长，往往特别期望孩子能完成自己做不到的事情。我经常遇到这样一群家长：他们对自己的孩子没能成为更好的学生、运动员、竞争者或是领导而感到非常生气。当孩子让家长感到失望时，家长通常会做出主观的评价：

- 你应该去拉大提琴，至少也要会弹吉他。
- 你应该热爱阅读。
- 你不应该苦于和体重做斗争（就像我抗争了一辈子一样），更不应该将减肥失败的事情公之于众。
- 你不应该在学校惹麻烦，毕竟我是校董事会成员。
- 当你拥有非常支持你、脾气又好、文化程度又高的父母时，你不应该在社交场合表现得如此尴尬。

那些把失望之情转移到青少年身上的家长，往往落入了一个存在已久的陷阱中。在我们的社会中，存在这样一种现象：家长常常将孩子看成是实现他们尚未完成的梦想的最后一搏。现在这种状况更加普遍，因为今天的青少年在家庭中几乎没有其他的作用。曾经，很多集体为了帮助青少年改掉狂妄自大的个性，会让他们去做农场工人、家政助理或者部落守卫者。现如今，大多数家长都不会让青少年接触任何他们认为粗野或危险的工作。

作为家长，我们为当代青少年设置了一条与众不同的路：平时要夜以继日地学习，周末则应该去参加曲棍球巡回赛。青少年的任务是为家族带来无上的荣耀和保障。家长几乎不会大声地对孩子讲这些目标，但如果说出来，那听起来可能像这样：

> "如果玛尼的学业能力测验能考到100分，我们就算是成功了。再加上别的一些简介，她一定会成为班里的明星。这足以让作为家庭主妇的妈妈感到无限光荣。"

> "现在泰勒既是学校足球队队员，又是游泳队队长。我的父亲这才终于承认我为家庭所做的一切。和父亲的其他孙子辈相比，我们家赢得毫无悬念。"

但是，对于青少年来说，实现父母或祖父母的理想是个过于沉重的负担。

有些家长并不理解他们随意对孩子表现出的失望之情有多清晰，对孩子造成的影响就有多深刻。一名女子学校的管理人员问学生："你们想要让父母明白什么？在返校日那天，你们想让我对他们说些什么呢？"女孩们回答道：

第 2 章 个性之福：接受青少年独一无二的特点

"告诉他们，我一直都在竭尽全力，但是我真的没有他们想象中那么聪明。"

"我实在做不到对每件事都很擅长。"

"如果我吃了一袋奇多（一种膨化食品）或者考试只得了'B'，希望他们千万不要惊慌。"

一所精英高中组织了一场调查，其中包括这样一个问题：让学生写下他们觉得最害怕的事情。学校辅导员告诉我，她以为学生们会写一些担心家里人生病、考试没取得理想成绩、与朋友闹掰了或是上不了大学之类的事，但他们给出的最多的一个答案却是："我最害怕让我的父母失望。"

实现父母的梦想并不应该是孩子的任务。在犹太家庭中，当我们要求孩子实现家庭梦想时，我们不只是在培养一个忧郁、压抑、有挫败感的青少年，也是在怠慢上天对孩子的期望。因为犹太人的基本观点是：上天创造每一个人，是为了让我们在有生之年完成一个特定的目标，每个人都有责任和义务去发现和实现这一神圣的目标。

作为家长，我们不能替孩子决定他们人生之路的方向，更不能决定路途的终点。但是，通过激励孩子理解自身所具有的、独一无二的力量，我们可以帮助他们跨出第一步。

放手，才能强大
The Blessing of a B Minus

健康成长比为大学拼命更重要

我们正面临着各类资源快速减少的境况：足够好的大学、工作、清新的空气……所有的资源都越来越稀缺，只有具备超高能力的人才能够笑到最后。同时，科技的进步又大大改变了我们的生活。就拿网络来说，它让我们做的每件事都变得公开化且具有持续性。青少年一旦走错一步，就会为此押上自己的未来，导致无法进入大学，无法找到一份令人满意的工作，此后再也无法翻身。

在这种情况下，让家长接受孩子自然成长会比以往更加困难。因为现代社会并没有留给青少年太多空间去不断尝试与犯错，或者能包容他们的无知、愚笨和坏脾气。持续的焦虑让家长开始注意到外在的成功和稳定：成绩、人气、体育技能和外貌。孩子也体会到一种前所未有的紧张感。一个15岁的女孩告诉我："我觉得自己的人生时时刻刻都悬于一线。"

家长对自己孩子的未来所持有的焦虑在大学入学考试的竞争中达到了巅峰。对于许多家长来说，进入顶尖大学的激烈竞争正是让生活中所有美好事物变得越来越匮乏的根源。

家长认为，孩子一旦没有被合适的高校录取，就会错过好工作和健康保障，丧失养活自己和家人的能力。大学辅导员观察到，即使是考虑问题再周到的家长，对于高校录取的恐惧也已经对他们的判断造成了严重干扰。许多人认为，孩子自然成长的起伏状态不会让大学成绩单上的数字变得好看。所以，家长绝不允许孩子出现成绩倒退的现象。就像那位禁止女儿加入戏剧俱乐部的家长一样，为了让大学招生委员会对孩子留下好印象，家长们以一种不容置喙的态度强行参与了孩子的学习和个人生活：

"我必须为他这么做，否则他根本无法完成。"

"他必须在初二就参加大学预修课的准备课程，否则以后就跟不上预修课。如果最后的成绩单上没有预修课的成绩，那么他只能去上公立学校，甚至连公立学校的主校区都去不了。"

"不，我绝对不允许他从'模拟联合国大会'请假，然后去参加什么电影俱乐部。大家都知道，电影俱乐部其实是'懒鬼俱乐部'的代称。"

"因为大家都在努力寻找专业人士帮助孩子提升他们的个人陈述能力，所以我们也一定要这么做。毕竟，这从一开始就不属于公平竞争。"

那些始终与成绩抗争的青少年一直在以精确到极致的军事化模式安排自己的时间表。他们比家长更晚回到家，花更长的时间去学习，睡得也更晚。当家长表现得好像孩子的未来完全取决于每一门课程的考试成绩时，孩子们就会变得过于早熟、痛苦不堪、压抑苦闷，像个小老头。

把孩子送进一个经济形势不明朗、时刻处在变化中的世界是非常危险的。但现实就是这样。与其说对未来充满恐惧，不如说大家对未来更多的是丧失了信心。然而，家长应该提高对于青少年快速发展的认识，而不是一味地为了让孩子上大学而努力。因为只有如此，家长才能为孩子不断提供精神养分，让他们发挥潜力，精力充沛地进入成年阶段。

孩子拒绝你是正常的

在前一章中，我描述过养育青少年的痛苦。当孩子不再是过去那个让人想紧抱在怀里的小可爱，转而与家长艰难分离并建立个人身份时，大多数家长都感到万分惊讶。为了这个"分离"的进程变得更加顺利，青少年的确需要减少对家长的依赖。但当青少年意识到他们的未来完全建立在自身正确的决策力和出色的表现上时，他们开始变得粗鄙、无礼和不懂感恩。

就像通常情况下许多心理医生会把沮丧、压抑的患者称为"拒绝帮助且满腹牢骚的人"一样，青少年同样在忽略家长的建议，甚至通过只言片语或是沉默无言来否定家长的选择、价值观和本性。他们巧妙地攻击你最珍视或最不自信的方面：

"你怎么能忍受住在装修成这副样子的房子里？"

"这种东西也配叫午餐？"

"你竟然和那种人做朋友？"

"你觉得这样的一天也能被叫作愉快的一天？"

他们嫌弃冰箱里那点少得可怜的存货，看不上你的牛仔裤，甚至质疑你的日常发音非常古怪。

"没人说'啥时候'或'别色',大家的发音是'什么时候'以及'白色'。你们'啥时候'才能意识到这一点?"

他们从你身边转身离去,离开那个你投入大量金钱和精力辛苦建造的家庭,去建设和发展自己的群落。他们刻意地发展与你的喜好完全不同但他们自己非常认可的东西,例如:可以接受的食物、衣物、言论、书籍以及音乐。在那些你完全不认同的东西里面,他们找到了无穷的乐趣。他们就像粗鲁又无礼的访客,整天只知道和同族人聚在一起,说着只有自己那群人才懂的语言,完全把你抛在一边。

家长完全无法忍受孩子的愠怒,不能容忍孩子对自己理智建议的摒弃,更不能接受自己的孩子竟然对一群无知愚蠢、毫无定性的朋友无比忠诚。种种现象背后的原因只有一个:家长把孩子的这些表现看成是一种拒绝,并且为此感到很受伤。

尊重孩子的能力与局限

儿童心理学家常常把养育青少年比作"走钢丝"。纳赫曼拉比[1]也曾说过类似的比喻:

"世界就像一座拥挤狭窄的桥梁,要想顺利通过这座桥,最重要的就是千万别害怕。"

---

[1] 犹太教律法专家,智者的象征。

放手，才能强大
The Blessing of a B Minus

养育一个青少年是一件让人害怕的事情，抵抗这种恐惧的关键就是信心和信任：相信孩子，也相信你自己的育儿方法。

在犹太民族传统和青少年心理学中，我发现了一条指导守则，可以帮助家长坚信孩子能够自己顺利通过那座狭窄的桥梁进入成人世界。守则说，接受孩子，并不意味着对他们无限纵容或姑息，而是要求家长了解自己孩子的强项和局限，理解他们古怪或尴尬的行为，以及"走两步退一步"的成长方式。这也意味着家长要尊重孩子希望和父母分开的本能，即使在他们最鲁莽和叛逆的时候，家长都要从孩子身上找到值得珍惜的地方。

每个人出生时，都有我们独一无二的特点，这些特点既包括才能，也包括自身的不足之处。举个例子，我有很严重的定向障碍，分不清左右手，如果没有已经贴好邮票的信封作为参考的话，我根本不知道该把邮票贴在哪边。我一直搞不清大学附近的路，从家到办公室这短短八百多米的路程，我却时不时就迷路。此外，我的记忆能力尤其是短时回想和对人脸的记忆很差劲。因为空间和记忆障碍，我的地理知识相当匮乏。但另一方面，我的词汇和阅读理解能力又十分出色。我能够毫不费力地学会唱抒情诗，也是一个很棒的滑雪者。作为一名公共演说家，我曾不止一次地被人评价"极富幽默感"。我是一个强弱结合的综合体。我们的孩子也不例外。

相信你的孩子，意味着你要主动去了解他的才能、天赋与怪癖，学着去珍惜这些特质。这并不是一件容易做到的事情。虽然青少年有着自己与生俱来的技能与性情，但他们也在持续不断地做着改变。他们不断尝试融入不同的群体：瘾君子、懒鬼、巫术崇拜者、摇滚爱好者以及运动员等。他们上个月还自称素食主义者，下个月就在为吃喝大赛做准备。青少年正在慢慢步入成年，但与过去相比，他们反而显得越发粗俗无礼。在这个过程中，你要如何发现他们的本质特征呢？

我建议家长好好回想一下自家孩子的婴儿和童年时期。好好想一想你之前是怎么对孩子的祖父母描述他的。他是一个执着又严肃的孩子吗？慢性子吗？是喜欢一个人待着还是更喜欢热闹？是不是一个有趣的人？活力四射吗？喜欢音乐？还是一个易敏感、爱猜忌的孩子？孩子的天性很可能就是由你描述的这些属性形成。

我并不赞成家长随意对孩子贴上"有趣""聪明"这类的标签。但是，能够意识到孩子身上的某些性格特征是固定不变的，这对家长来说是非常明智的。这些性格特征包括但不局限于以下几方面：

- 音乐才华
- 艺术倾向
- 运动天赋
- 喜欢结交朋友和浪漫的伴侣
- 热爱阅读或对阅读漠不关心
- 快节奏抑或是慢悠悠
- 合群或是容易害羞
- 喜欢室内或户外活动
- 热衷于冒险或是小心翼翼

认清孩子身上的特质能够让家长摆脱传统意义上对于成功的狭窄定义，真正看到孩子自身独有的才能！

让你的孩子随着天性自由生长，并不意味着你要放弃作为家长应该做到的职责——保护、引导和启发孩子。例如,你不能说:"很明显,像你一样的探险家、发明家和诗人,一定都感到被无聊的生活紧紧困住不得脱身。从现在起,放下你的作业,扔掉那些乏味的工作,乘坐下一班出城汽车,勇敢地寻找属于自己的梦想吧!"你也不能:"由于你在学习上展现出的差异性、敏感性以及特殊性,你需要花更多时间去学习,所以那些家务活你就不用管了。"

相反,你应该在孩子必须履行的义务和不断变化的机遇之间寻求平衡点。如果你家那位颇有条理却有些专横的孩子不喜欢国际象棋俱乐部,那就允许他退出。也许他内心深处真正热爱的是合唱事业,不妨让他尝试舞台经理的工作,为下一次合唱团演出做准备。千万不要把你那个活泼好动又充满冒险精神的孩子整天拘在家里没日没夜地学习,快让他骑上山地车出发,或是到树林里去尽情地玩彩弹游戏吧!

尊重孩子的特性也是一种表达信心的方式。这意味着要绝对相信:你的孩子与生俱来的特性是最适合他的,这些特性足以让他面对未知的将来。

孩子的志向与你的并不同

显然,相比于仅仅以孩子的才能为荣,意识到他们每个人都具有鲜明的特性,是对家长提出的更高要求。为此,家长必须做好准备,因为你的孩子很可能会把他的才能运用到干扰你的计划上。

当我第一次见到伊森时,他刚刚拿到了自己的成绩单:4个"C"

和1个"D"。在家的时候，伊森经常和他的父母吵得不可开交。在学校里，伊森则坚忍地承受着所有的痛苦：他拒绝交作业；除非有人和他说话，否则他在课堂上绝对不会说一个字。伊森的父母对此感到很担心，却又非常困惑。直到现在，他们的儿子都还是一个问题学生。

早年间，伊森的父母察觉到他在科学上的天赋，于是两人细心培养孩子，鼓励他尽可能地去杰出的公立学校上全部科学课程。中学时期，伊森就通过自学轻而易举地完成了化学和物理的大学预修课。伊森的父母开始设想自己的儿子将来会成为一名医生，他有着超出常人的能力，而他们必须确保他不会浪费这些能力。

在治疗过程中，伊森产生了这样的感觉：自己仿佛就快被父母的宏伟志向压倒了。他本来想上一门建筑类的艺术课程，但他的母亲非常反对，认为这会严重干扰他学习大学物理的预修课程；要是没有物理预科的成绩，他可能没办法申请到最好的大学。他的父亲说："伊森，你可以去上艺术课；但如果没有一定的基础，你就不能读高级科学课程。"伊森不想让父母失望，因此他没有反驳。但是他也没有继续努力，而是选择了"阳奉阴违"。他会在科学预修课和其他科目上露脸，但坚决不参与其中；同时，他也拒绝写作业。

当伊森的父母意识到，对孩子来说，真正的尊重是允许他在不同的方面展现自己的才华时，他们对自己的行为做了一些限制，暂停了过问伊森的成绩。当伊森问父母他该选择哪些课程时，他们建议伊森向最了解全部课程的学校导师咨询，相信导师会给出最好的建议。他们也会在对话中有意无意地谈论课程的选择而不是学校。

当伊森渐渐感到父母对他是否取得成就这件事不再像以往那样坚持时，他开始培养起信心独立去做决定。那个夏天，伊森放弃了一门非常有名的夏季数学课程,而选择参加当地学校的一个舞台艺术工作室。一天放学后,他骄傲地向母亲展示他帮忙设计的扩展桥,这架桥的每个入口处都设有一个戈耳工蛇发女怪[1]的头。"快看啊,妈妈。"伊森说,"这是科学和数学的结合,但这也是魔法,它酷毙了!"

要对孩子有清晰的认识

家长对孩子所拥有的天资要有清晰的认识,这能够帮助你将自己和孩子的问题分清楚。

一位名叫梅丽莎的女子和我谈论起她的女儿,莫莉——一个超标准体重7公斤的女孩。梅丽莎年轻时是一位肥胖患者,现在却成了我口中那类紧张焦虑体重的"白骨精"。她每天清晨第一件事就是花很长时间担忧食物和体重,标尺上的数字决定了她当日的心情。

女儿莫莉的体重激起了梅丽莎的羞耻感,她说这让她想起了自己在青春期时内心承受过的痛苦挣扎。过去的梅丽莎是一个害羞又孤独的女孩,每天放学回家后只能和离婚的母亲共进午餐。每每想起这段孤独的时光,梅丽莎都只能通过监视女儿的食物摄入量以及不断抱怨女儿该减肥了来缓解自己内心的痛苦。

但是我们发现,莫莉的性格和她母亲截然相反。莫莉精力旺盛,特别受欢迎,参加过很多课外活动。体重似乎并没有对她造成什么恶

---

[1] 希腊神话中长有尖牙、头生毒蛇的恐怖女妖。

劣的影响。当梅丽莎意识到莫莉并没有经历过像她之前的那些遭遇时，她立刻停止了忧虑、抱怨和大惊小怪，变得镇定起来。莫莉并不像其他同学那样，为了大家眼中所谓的"快乐"而放弃内心真正热爱的东西，这一点让梅丽莎感到万分欣慰。

给孩子时间去成长

家长对青少年的接受程度往往远超于对他们天性特征的接受。事实上，家长必须接受自己的孩子仍然在不断成长，他们还没有完全成熟，因此期望他们表现得像个成年人，这对他们来说并不公平。毕竟从神经学和心理学角度来看，青少年仍然属于孩子。

举个典型的例子：卢克16岁时，他那位许久没有独自出门旅行过的母亲乔迪去巴黎看望一位朋友，并在那里待了两周。回国时，乔迪带了一盒包装精美的巧克力，上面精致地雕刻着法国各个地标。在飞行途中，乔迪想象着这样的甜蜜画面：卢克一个接一个拿起巧克力向她飞奔而来，嘴里还一直蹦出各种各样的问题——"你去这里了吗？那里呢？你去了吗？感觉怎么样？这个地名你是怎么念的？卢森堡？卢森包？"

但事实并不如乔迪所愿。卢克没有问："妈妈，你觉得这次旅行怎么样？"或是"你给我带礼物了吗？"看到巧克力后，卢克也没有表现出惊喜："噢，巧克力！妈妈你太贴心了，这两个星期我实在太想念你了！"他甚至连招呼也没有打。乔迪从法国回来的那天，卢克刚从学校回到家里。看到乔迪后，卢克对她说道："我能用一下你的车吗？我得去特萨家一趟。"后来，卢克默默地吃完了所有的巧克力，并没有做任何评价。

当乔迪质问他为什么连招呼都不打，看到礼物后连一句感谢的话语都没有时，卢克回答："我根本不记得你离开过。我在吃巧克力前，也没有注意到盒子上的装饰。"这就是全部的事实：他已经忘记母亲出门的事，也没有注意到礼物的包装。

乔迪对儿子的行为感到非常生气：他难道没有感觉吗？她怎么养育出这么一个人品不佳的孩子？要是像这样的话，他以后怎么成人？尽管卢克的老师从来没有抱怨过他在学校有什么不得体的行为，但在日常生活中，卢克并没有对家人表现得多么有礼貌，他甚至没有对离开两星期的母亲表示想念。要知道，他的母亲离开了整整两周！但他却好像没事人一样。

卢克并没有什么错。青少年看上去像个成年人，但他们的内心其实还处在不断成长变化的过程中。在过去的二十年里，神经学家已经了解到青少年的脑部构造在青春期会发生巨大的变化。"旺盛"这个词语可以用来描述孩子10岁到青春期这一阶段大脑的发育过程。这一时期的脑细胞生长发育得非常活跃；而在此后的14到17岁这一阶段，大脑会迅速变薄，脑细胞数量逐渐变少，大脑的活动会变得更有效率。

但是，就大脑中负责理性思考、调节冲动和欲望的额叶部分而言，女性需要等到24岁左右，男性则在29岁前后才能得到全面的发育。至于负责判断力和智力或神经心理学家所说的执行力的脑部区域，则是之后才会成熟。

从神经学的角度看，卢克的脑部发育还不够完善，他目前还没法想到这点：问候外出很久的母亲，不仅仅是出于礼貌，而且对他自己也有好处。在成年人看来，卢克的行为反映了一种病态自恋和反社会的信号。但是就青少年本身而言，这就是一种非常普遍的神经发育不完全的结果。

我总是对感到忧心的家长说："如果你理解青春期孩子的特点就是时而表现得像3岁小孩，时而又似35岁的成人，你就不会觉得他的行为有多古怪了。"一个足够包容的家长应该尝试着引导孩子走向成熟，但千万不要对青少年的不成熟行为感到恐慌，或是将这些行为看作他们个性化的表现；当然，更不要将其误认为是青少年永久性的性格缺陷。

权威的脑部研究足以让人信服，但我们完全不需要用这些东西就能知道：青少年正在经历许久之前经莎士比亚验证的"煮沸的大脑"时期——情绪化、易冲动、爱冒险、无秩序，并且自视甚高。我敢打赌，尽管作为家长的你现在确实不喜欢惊险刺激的游乐园设施、喝酒游戏以及晚上不开车灯开快车的行为，但你年轻时一定也做过类似的事情。同理，你的孩子也只是在做他们喜欢的事情，例如，把已经完成的作业放在湿毛巾下面，或是因为家长觉得他们新剪的发型和以前没两样而痛哭。面对青少年的这些古怪行为，如果你问他们："你到底怎么想的？"通常情况下，你会得到这样的答案：

"没事。"

"我觉得这应该很有趣。事实上，它也确实很好玩。"

"没事的，妈妈。湿毛巾下面还放着一件背心，作业本是不会湿的，放心吧。"

"我认为简阿姨不会去看我的社交网页。"

"我不能带着这样的发型去学校见人。我看上去就没个人样。"

或者，以卢克（一个非常尊重、爱他母亲的男孩）为例，他可能会对妈妈说："我没有向你打招呼是因为我不记得你出远门了。"

在青少年的世界里，特立独行（或行为古怪）是很普遍的现象，对某件事的后果欠考虑也是很常见的情况，做事没有定性也很正常，觉得家长很无聊也不是什么大事。在孩子眼中，他觉得自己生错了家庭，因为现在这个家里的人太严厉、太无趣、太普通、太没有同情心了，这是多么悲惨的一件事——这样的想法也是正常的。你的儿子专注于抢夺食物，最后因为积食呕吐，这也不是什么大事。孩子生气地指出其他孩子的家长比你们更善解人意、更酷，也没什么大不了。

我们要给孩子足够的时间去发展和成长。不幸的是，我们通常反其道而行之。家长有必要记住，青少年并没有完全长大，他们可能直到25岁，甚至37岁，才能成长为一个真正的成年人。我们每个人都是这世上一件全新的艺术品，但这件艺术品很可能需要花费很长时间才能臻于完善。

对"高校热潮"保持远见

你可以去研究一下青少年的性情，也可以学着接受他们成长过程中的各种变化。但是，除非你能脱离高校录取的狂热圈子，否则你会发现让孩子以自己的方式去成长是非常困难的。你将会陷入这样一种怪圈而无法自拔：从孩子12岁开始，他们所做的每个选择都是为了日后那场极其重要的高校申请。

我们必须承认，现今的世界环境和我们年轻时已经大不相同。初中教学更加严谨，高中治学更严格，大学录取的竞争也更激烈。作为父母一辈，我们应该不带任何夸张色彩地承认当下所面对的现实挑战。

我们来说说下面这件事：只有那些被美国媒体民调评选出来的高校学子才能取得成功。2014年，格莱格·伊斯特布鲁克在《大西洋》杂志上发表了一篇名为《到底是谁需要上哈佛？》的文章，文中引用了招生办工作人员的一个观点：有将近一百所大学能提供和伊斯特布鲁克提到的名校相同水平的教学质量。同时，伊斯特布鲁克在文中也提到了一份1999年的调查研究——由普林斯顿大学的艾伦·克鲁格和安德鲁·梅隆基金会的史塔西·伯格·戴尔共同组织的。这项研究指出，一群收到常春藤盟校录取通知书的学生因为经济补助、距离家近或其他优势而选择了别的学校。毕业二十年后，这群学生所赚得的薪资与毕业于常春藤盟校的同期学生一样多。

《那些落榜大学》一文的作者罗伊德·萨克过去是一名大学招生办的老师，也是"教育保护组织"的创始人。"教育保护组织"是一个旨在让大学申请过程恢复正常的非营利性组织，他们声称："这种风气正在集体掠夺高三学生的生活！"萨克认为，其实是学生为教育回馈做出了最大的贡献，而不是学校。要知道，分数的高低或者学校的好坏并不能决定一个成年人是否取得成功，真正起决定作用的恰好是由心理学家丹尼尔·戈尔曼所说的"情商"，即同情力、乐观力、灵活性、幽默感、团队协作能力以及应对挫折的能力。

与《放下孩子》一书有异曲同工之妙的是犹太谚语："如果你的孩子有做面包的天赋，千万不要逼着他去当医生。"

孩子真正需要的是符合他的性情、需求以及才能的大学经历。你

放手，才能强大
The Blessing of a B Minus

要让孩子去探索自己的兴趣，建立值得信赖的友谊，并由此走向成熟。这意味着你必须接受孩子的热切渴望——去烹饪学校学习专业的烘焙知识并最终成为一名烘焙师，而不是依照你们的想法去斯坦福大学深造，最终变成你们设想的商业奇才。

停止对孩子的衡量和比较

当今社会正在全方位地衡量一个青少年:你是否出色？是比较出色，还是最出色的？你的排名是多少？我们应该选择你还是拒绝你？你会选择哪个专业？音乐？除了音乐还有其他的吗？

即使在各方面都名列前茅并且被心仪的学校录取，这种简单粗暴的衡量方式仍然会让青少年感觉自己好像被拒之门外一样。他们被明确地告知，他们的优秀仅仅是上一次测试成绩不错而已。这样的评价方式不断传递出一种信息：我们始终都在对孩子进行衡量和比较。

有时候，接受孩子的最佳方式就是保持缄默。不要打着为了孩子不断得到提高的旗号，用各种建议去干扰孩子的想法，例如：

"没错，'B+'也不错。但你务必记住，要抓住书中的重点，同时手写提纲会是一个更好的方法。"

"你知道吗？每天进行20分钟的有氧运动对于增强大脑功能有很重要的作用。"

"你别忘了下周还有另一场考试，所以这一次要更早开始准备……顺便和你说一下，过量的碳水化合物会让你更容易犯困。"

相反,要让你的肯定简洁明了:

"太棒了,'B+'!"

一些家长将隐晦的批评伪装成鼓励,每次孩子一有出色的表现,家长就提高对应的赌注以激励孩子。如果孩子是一名很好的倾听者,家长就鼓励他多加入学校的同龄人互助小组。如果孩子是管弦乐队的二号人物,家长就建议他明年应该冲刺首席。如果孩子在学校参加了一项团体体育项目,那为什么不转向参加俱乐部运动呢?如果现在是少年代表队,那为什么不继续努力呢?

就目前来说,停止衡量和比较的最佳方式是在孩子上高二之前不要提大学的事情。在洛杉矶奥克伍德学校,每年高一学生家长的返校日那天,主任艾伦·司都德都会给家长传递了两个信息:"第一,切记,在这一年中一定不要谈论和大学有关的事情;第二,请各位家长务必记住,虽然孩子们都拿到了驾驶证,但他们还不是一个优秀的驾驶员。"我也同意这两点。

珍惜你平凡而神圣的孩子

犹太人的"住棚节"是为了纪念祖先离开埃及后穿越沙漠的那一场漫长而艰辛的旅程。为了迎接节日的到来,每家每户都会在后院或

放手，才能强大
The Blessing of a B Minus

阳台上搭建一个棚子，这个简陋的棚子看上去就像是以色列人在沙漠的临时避难所。在晚上的仪式中，每个人都挥舞着一团棕榈、月桂、香桃木叶子，同时还抱着一个外形滑稽、表皮厚实又坑坑洼洼的黄色柑橘类果实，人们把它叫作"香橼"（etrog）。

如果你想要在"住棚节"感受真正的精神修炼，那就把香橼想象成你的孩子。香橼形状古怪却价格昂贵，"住棚节"的乐趣之一就是展现出你对它的热爱。每个家庭都会小心翼翼地挑选合适的香橼（这些香橼从 10 美元到 1000 美元价格不等），然后将挑好的香橼带回家，用柔软的棉絮包裹好后放入一个简易的白色纸盒里。

在这为期一周的节日里，所有犹太家庭都会在棚中祷告，感谢出埃及记的奇迹、一家人的团聚以及节日的再度到来。我最喜欢的一幕是家人打开装着香橼的盒子那一刻，每个人都目不转睛地盯着它，大声感叹道："啊，这实在是太美了！"

香橼本无特殊之处，但是在犹太人庆祝节日的地方，每一个香橼都会变成自带光环的主角，受到众人的追捧。家长不需要对青少年有如此的仪式感，但你要珍惜孩子并发现他们的价值：不仅是婴儿模样或未来某天会成为什么样的人，更要珍惜他们现在的样子——就像香橼一样，虽然外表粗糙，但却熠熠生辉。

作为一种精神修炼，家长要尝试着培养自己对孩子的欣赏能力——不仅要欣赏他身上令你喜欢的地方，更要学会欣赏那些令你讨厌的地方。孩子让你感到最难过的地方是什么？是他的抗拒？是他和朋友们拉帮结派？又或是他的不成熟？他的音乐品味或许会是一个让你培养欣赏力的良好开端。还记得吗？你在高中或大学不得不强迫自己阅读枯燥无味的经典作品时，突然发现读完 50 多页后竟然能完全沉浸在作者创造的世界中并感到异常欣喜——这是因为你发现了作品的韵律和美。

不妨把孩子喜爱的音乐当成一门当代美式音乐课程。让孩子为你弹奏一曲,或者,你可以下载歌词,便于在收听的同时加深对音乐的理解。要学会发现音乐中的情感、社会评论、讽刺、玩闹以及快乐,例如:"摇滚乐队的名字叫'水蝙蝠',这听上去实在是太有趣了!"各位家长只需要带着开放的心态、好奇心和思辨心去听就行。

你如何看待青少年的群体化服饰呢?我可以保证,在你读到这段的时候,他们的风格已经和之前的又不一样了。现在有一群被称为"非主流少年"(scene kids)的孩子,整天在我家附近的吉他中心闲逛。他们喜欢乱糟糟的黑发,经常蒙着一只眼睛,戴着无指手套,腰上系着白色的皮带,穿着带有恐龙和机器人图案的T恤,有些人还戴着鼻环。

家长完全有权利对孩子的时尚品位表示震惊,或是严厉禁止他们的永久性毁容行为,例如戴鼻环。但是一定要记住,每一个孩子都有可爱之处,即使他的外表看上去非常奇怪。要告诉自己,打扮得像"非主流少年"一样的孩子有着自己严格的着装标准,与此同时,他们又有着像无指手套和印有恐龙图案的T恤那样多姿多彩的一面,两相结合不也很有意思吗?普通人什么时候能在日常生活中做到这些呢?

让家长从另一个角度重新看待青少年的喜怒无常实在是太难了。青少年常常感到情绪低落,因为对他们来说有太多东西都显得那样珍贵,这点可以从他们的理想主义情结中体现出来。他们之所以会感到生气愤怒,正是因为他们重视权利与公平的价值;他们会因一个粉刺、一头糟糕的发型或者对某种风格的牛仔裤有强烈要求而歇斯底里,这些行为都表达了他们对于美的追求。他们几乎难以忍受来自同一群体成员的拒绝、隔离或排斥,因为他们把忠诚和友谊看得非常重要。他们看起来懒散是因为他们无比珍惜休息与放松的时光;他们对规则感到恼火是因为格外珍惜自由;他们很大声地玩音乐是因为足够热爱。

我并不赞同家长和孩子一起跳进舞池,去他们买衣服的地方为自己消费,或是情绪完全被孩子的情绪变化牵动。如果你这样做了,那你就完全不像一个家长,反倒像奇怪的中年朋友。但是,家长若能从孩子痛苦的转化过程中看见某种美好,这将给青少年带来极大的信心。

不妨寻找那些你可以发自内心夸赞孩子的场合,不只是称赞他们的潜能,更要称赞他们此刻的样子:

"我喜欢你的辫子和牛仔装的搭配。"

"我明白为什么你喜欢尤克里里了,它的声音太好听、太欢快了!每次你一弹奏,我就忍不住开心地笑起来。"

"很感谢你带上菲利普一起去看电影,他告诉我他过得非常开心。"

"太神奇了,我完全不懂怎么像你那样混合一张 CD。"

如果你能从与孩子的相处中获取哪怕一点点快乐与价值,那么你的生活也会变得更加有趣。"感谢宇宙赐予我们多彩的万物。"当你看到一个美丽又古怪的人或动物时,你可以大声地说出这句话。你不必总是很认真或完全相信这句话,但可以把它当作一句口头禅,来帮助你学习如何接受、欣赏自己的孩子变成了奇怪的生物这件事。

第 3 章

尊重之福:
冷静看待青少年的无礼行为

让孩子学会尊重的要素是:拥有超出常人的冷静、耐心、容忍度以及从容不迫的气度。

南希是一位单身妈妈，她对我讲述了各方面都极其出色的儿子西奥的一些事情。西奥是一名中学生，一名滑雪和射击运动员，是他们年级生物成绩最好的学生，是大自然摄影师获奖得主……同时，在南希的眼中，西奥又是一位性情乖戾、易怒的孩子：

他太无礼了。上周我特意早起给他做了一顿特殊的早餐——巧克力馅儿的薄煎饼。但他只是轻蔑地看了一眼盘子，说："你知道我从不吃这种垃圾。"说完，他从厨房的橱柜中拿出一条能量棒（补充能量的棒状食品），边吃边走出家门，甚至连再见都没有说。

至少，那天早晨他是醒着的！而通常情况下，他都会睡过头。我给他买了两个闹钟，其中一个被称为"音爆"，响起来的时候感觉整栋房子都在震动；另一个装有轮子，当闹钟响起时，它就一直乱滚，直到你起床关了它。但西奥依旧起不了床，我该怎么办呢？就这样放任他错过第一节课吗？不，

第 3 章 尊重之福:冷静看待青少年的无礼行为

我通常会把他摇醒,然后他就会冲着我大吼大叫:"滚出我的房间!"

每当他变得像这样恐怖时,我完全不知道该怎么办,毕竟我从未在成长历程中如此对待过自己的父母。

曾经有过这样一段时间:当长辈进房间时,年轻一辈必须起立,不准用姓氏称呼长辈,同时还要走到门前去迎接。我并不是怀念过去,因为社会层面上的可接受行为也应该包括:各种歧视,解决潜在的家庭问题,以及通过对父辈的威胁与顺从来建立家庭秩序。

我所见到的大多数父母在养育青少年时都想给予孩子更多的热情与体贴,这远比自己过去所获得的要多。但结果却是,我们的孩子更爱闲聊,更贪图安逸舒适,对我们也更直接、更无礼。随着青春期的到来,孩子被迫与父母分离,他们用无礼的态度、行为和面部表情来推开我们。他们会说:"我讨厌你!"或是"我不在乎你怎么想!"有时,他们甚至直呼我们的名字。

在合理的范围内,这些行为虽然让人倍感恼火,但也是形成亲子双方更开放、更放松关系的途径。孩子非常有信心,觉得自己既可以承受远离父母的痛苦,又不会失去父母给予的无条件的爱。这迫使家长陷入了一种两难境地:如何尊重青少年远离父母的需求,同时完成作为父母应尽的责任和义务——教育孩子尊重他人。

这是一份无比神圣的职责。犹太民族非常重视尊重他人的品德。希勒尔拉比曾被问过这样一个问题:"如果你在情况危急时要对所有犹太人说最后一句话,你会说什么?"希勒尔这样回答:"像对待自己一样对待邻居。"

放手，才能强大
The Blessing of a B Minus

　　在通常情况下，犹太人都认为行动胜于信念。正是你的行动而非信念，才能真正衡量一个人的品性。犹太人尤其强调人与人之间互相体谅，例如，我们要在自己力所能及的范围内行善；我们不能在付薪日之后依旧拒付员工的薪水；我们不能把一头活生生且仍能从事生产劳动的牲口杀死；农民要为贫苦之人留下一片未收割的田地。

　　犹太人也认为：一个人能为他人考虑，这点非常重要。我们人类是自身行为的综合体，大多数行为都是微小行动而非伟大壮举。

　　父母有责任将尊重与体贴放在家庭的中心位置。他们要像对待孩子的健康和教育那样，花费同样的心血教会孩子如何与他人友好相处。在理想状态下，父母应教会孩子富有同情心而不会成为殉道者，行为坦率而不会惹人生厌。

　　那么，一个富有同情心的家长是如何教会孩子尊重的呢？一定要记住，让孩子学会尊重的要素是：拥有超出常人的冷静、耐心、容忍度以及从容不迫的气度。

　　家长必须让孩子学会依靠自己的能力处理问题；同时，家长自己也应该心中有数：孩子在成长过程中也在敏锐地观察着家长的一举一动。孩子会观察家长是如何界定尊重的准则，以及当他们不可避免想要去挑战这些标准时家长对此表现出的那种缜密又权威的反应；在他们的表现并不值得获取他人的善意时，家长仍然毫不吝啬地给予他们温暖与善意……通过对这些事物和行为的观察，孩子学到的东西远超家长的想象。

第 3 章　尊重之福：冷静看待青少年的无礼行为

平和对待孩子的无礼行为

当家长对孩子产生不甚妥当或不明晰的期望时，孩子更容易做出各种无礼的行为，比如辱骂、诅咒、用力摔门等。当然，有时候家长过于严苛，或者不给青少年的种种不成熟行为和情绪发泄留出一点空间的话，就很容易适得其反。如果你期望自己的孩子从不对你翻白眼，或是在学校经历了各种糟糕的事情后依然神采奕奕，那么到最后你只会发现自己始终都处于抱怨和唠叨的状态，你的孩子也会变得畏缩、叛逆甚至做出一些不光彩的事情。

尽管期望过高会对孩子产生不好的影响，但是过于松散的期望也容易导致糟糕的结果。要记住，青少年始终期望能依靠父母，然后让自己变得强大起来。如果让这群孩子发现你并不知道他们内心深处到底需要什么，他们就会觉得缺乏安全感；进而，他们对你的态度会变得更为苛刻，随之而来的就是无边无际的争吵和责骂。

家长抱着一种明晰、理智、冷静的态度对孩子来说则是一种保障。为了能够清晰地表达自己的观点，在兼顾家庭模式和孩子性情的同时，我强烈建议你在家中设立一些合理化的礼节标准。

世界上并不存在一套既定且适用于所有家庭和青少年的行为准则。某些家庭就像一种名为"尖叫核"的青年音乐。这种音乐的最大特点就是主唱在电子乐的背景下用一种既疯狂又嘶哑的嗓音大声尖叫。如果这种音乐没有在第一时间吓到你，那它对你来说就具有致命的吸引力，就像苦难境地中的动员大会一样给人以希望。

放手，才能强大
The Blessing of a B Minus

"尖叫核"型家庭很有活力也很吵闹，大家都靠大声叫喊来达到彼此妥协的目的。这种家庭表面上显得颇为粗暴，但一声声喊叫的背后却也藏着爱与奉献的精神。有些家庭中，并没有人大声喧哗，平时异常安静，以至于叫人下楼吃饭这种行为都是不允许的；也有些家庭的成员会彼此嘲笑，或直呼其名来为自己强辩；还有些家庭倾向于用武力说话。当然，也有非常安静平和的家庭。但是在礼节标准方面，并不存在一种适用于所有家庭的标准化模式。

当你的孩子到了青春期之后，家庭的风格或许会发生一些变化。某些身处吵闹家庭中的成员可能会变得平和起来，那么像他这种以沉默或简短语言来应答的行为会显得粗鲁无礼吗？在端庄高雅的家庭中生活惯了的人开始变得声嘶力竭，那他的吵闹行为算是粗鲁无礼吗？一个在争强好胜的家庭氛围中长大的人开始变得神经质，那么他这种易怒敏感的性格会让他人反感吗？从小在成员之间有亲密接触的家庭中长大的人突然意识到这种触摸行为可能是一种侵犯，那么他的想法会显得冷漠自私、拒人于千里之外吗？当家庭中的某位成员性情发生变化时，我们很难判断这种变化是否合理。

你可能发现，相比于某些办法，通过观察其他家庭的反应来为你的家庭确立标准会更容易些。当你身处公共场合时，仔细观察一下周围的青少年，你会发现他们大都和自己的父母在一起。青少年的哪些成熟行为会让你印象深刻呢？是在成人礼上邀请落单的表兄弟参加舞会，还是放慢脚步来配合年老体弱的祖父母，又或是去你家做客，在辞别之时握着你的手说"感谢你的盛情款待"？另外，哪种行为最让你觉得反感呢？在公共场合与父母顶嘴？被父母介绍给他们的朋友时，嘴里一直嚼着各种食物？或者是晚上9点后还在车库打鼓？

第 3 章　尊重之福：冷静看待青少年的无礼行为

不妨回家整理一下思绪，然后对比自己孩子的种种行为，你就会得出一些结论。当然，你也必须随时调整策略，毕竟孩子的行为无法预测。

针对我女儿进入青春期后的一些粗鲁无礼的表现，我整理了一个列表。你的列表应该会有所不同。

如果你的孩子出现以下行为，你可能会觉得非常无礼：

- 直接咒骂你或其他家庭成员。
- 在其他人面前侮辱你。
- 始终不正面回答他人的提问。
- 过了宵禁时间仍不回家。
- 频繁地摔门。
- 打碎东西后从不修理，也从不道歉。
- 不愿与父母的朋友进行友好的对话。
- 未经允许擅自动用你的物品。
- 未经同意随意进出兄弟姐妹的房间。
- 没有经过他人同意就随意更换汽车电台频道。

下面所列举的则是我认为虽显无礼但还能忍受的行为。对于这些行为，我选择不去关注；因为只有这样，我和女儿之间才不会发生频繁的争吵。

你可以选择不去关注：

- 闷闷不乐/愠怒。

- 在做日常事务、家庭作业或其他规定任务时不停抱怨。
- 翻白眼。
- 咕咕哝哝以示不满。
- 偶尔不说问候语，比如"早上好，妈妈"或"再见，爸爸"。
- 经常和兄弟姐妹开一些无伤大雅的玩笑，或是争吵。
- 偶尔摔门。
- 直面家长，但并没有直接咒骂家长。
- 在情有可原的情况下，宵禁后半小时内仍待在外面。
- 漫不经心对待你买给他的物品（以后你可以不用再买给他）。
- 用不礼貌的语气与朋友说话或者与他人一起讨论不雅的话题。
- 毫无理由地对你发脾气。
- 当和一个朋友决裂时，向你抛出"滚"的眼神。

制作这样一张列表有什么好处呢？它能够帮助你明确自己的定位，而不是去猜测自己对孩子管教得过多或不够。当然，有了这份明晰的标准，你也能免受外在的干扰，不至于摇摆不定。

如此一来，当孩子不可避免地抱怨你过于严厉（"妈妈，我认识的每个人都会不时地产生让父母去死的想法。"）时，你就不会轻易妥协却又在事后感到后悔。当孩子的祖父母抱怨你太过于仁慈（"你知道你现在这种行为就是溺爱吗？"）时，你就不会轻易对自己过去所做的每个决定感到迷茫和困惑。

制作这样一张表格，会让你更自信地去处理孩子的各种棘手问题，并依据实际需求去不断修改完善。

生活中并不存在一种完美无缺的方法能够应对孩子身上种种让人

无法接受的无礼行为。该如何应对完全取决于无礼行为背后的原因。让我们一起来看看,那些变化莫测又粗鲁无礼的青少年的内心深处到底是怎么想的。

孩子无礼行为背后的原因

那个小时候口口声声说要和你结婚,并且一直把"你是全世界最好、最美的妈妈"挂在嘴边的小可爱到底发生了什么呢?是有人在晚上把他调换了吗?现在这个"被调换"的孩子显得那样冷漠、无情,还经常出言不逊,他会说:"很明显你一点都不了解我!"又或是"在这个家里我一天都待不下去了!"

青少年不是有意针对你,他们只是以各种无知又愚蠢的办法试图与你分离——这些举动在他们的成长过程中并不算什么,甚至是一种成长的本能。

1. 唯我独尊

"去中心化"(Decentering)一词是心理学家让·皮亚杰提出的专业术语,用来描述个体接受他人观点的能力。一般情况下,这种能力在孩子6～7岁这一阶段逐渐形成,到12岁左右发展成熟。但是当青少年感到有压力、疲惫不堪或者焦虑的时候,他们的一些想法就会变得欠考虑。在某些艰难的环境下,"去中心化"是他们掌握的第一个认知技能。

当青少年说出下面这些话时：

"请不要再志愿陪同我参加学校旅行了，尤其是你打算扎个马尾辫去的话。"

"我不吃这玩意儿，它看起来就像给狗吃的。"

"不要看我，也别和我说话。"

要记住，这些并不是"去中心化"。青少年并没有考虑到说这些话会对家长造成什么样的影响（比如，影响家长对自己的发型、厨艺、教育价值的自我意识），他们只是在说自己，说自己的窘迫、挑剔、善变以及突然低落的情绪。

家长可以根据孩子的成熟度和冒犯程度，选择暂时不去理会。或者，你可以用一种平和的态度让他们明白自己已经越过了由现代文明社会设定的红线，例如："梅根，你的表现并不好。"或是"天哪，你那样对我说话一点也不好。"此外，以"我"为代表性的话语表述也能派上用场，例如："我为了这顿晚餐忙前忙后，只希望你能喜欢；但是你却把我辛苦做的晚餐和'狗食'相提并论，这让我觉得非常生气。""在你侮辱我的外貌时，我感到很吃惊，但更多的是难过。"说完这些后，再快速转向另一个话题，或是去另一个房间。

2. 把无礼当成发泄

青少年也常用无礼行为来发泄自己的不满情绪。你还记得孩子上幼儿园时的情形吗？他会特别遵守纪律，到了大家围坐在一起谈话的时间,就规规矩矩地坐好,轻声说话;把带来的午餐饭盒放进小房间里面;举手示意,经老师同意后才敢说话。他们每天都保持这样的状态,直到家长去接他们回家时,一个个才终于崩溃。

青春期的孩子也会做出和小时候一样的事情。面对多数让人反感、无聊的老师,还有那群一旦发现他们没有完成跑圈就会大声训斥的体育老师,青少年都要装作彬彬有礼的样子。如果他们上了初中或者高中,那又要一遍遍地成为新生,做同样的事情。这就像一个沮丧的白领永远不敢批评自己的上司一样让人感到绝望,所以,他们一回到家就开始"踢猫"[1]:因为孩子明白家长是一个安全的目标,他清楚你对他的爱;也确信在他做出这些行为后,你不会报复他。

一个脾气暴躁的4岁孩子和一个有辱骂行为的14岁青少年的不同之处在于,前者的吼闹只是让你觉得刺耳,后者的行为却会让你感到伤心难过。有时候,家长需要花费很大精力才能克制住自己不去反击青少年的无礼行为。

如果想让孩子看到你能很好地控制脾气的话,你也确实没法反击。当孩子对着你大叫"给我闭嘴",然后跑进自己的房间迅速将门反锁时,你可能想快速跑过去大声砸门,训斥道:"不准你这样和我说话!"

但是,面对孩子的挑衅,如果你报以情绪化的回应,就很容易失去自己在家中树立的权威地位。因此,你一定要反其道而行——冷静地处理。如果孩子的无礼行为戳到了你的痛处(比如,小时候受欺负的经历),你一定要按瑜伽课上学到的吐纳方法,做个深呼吸一口,然

---

[1] 即踢猫效应,指对弱于自己或等级低于自己的对象发泄不满情绪而产生的连锁反应。

后再尝试交流:"你现在这种语气和态度,我们没办法交流,重新开始吧。"这样即使孩子变得怒气冲冲,你也已经设定了双方正常交流的最低限度。

当然,当你发现孩子的行为极易惹人发怒时,你也可以从他们身边走开。你可以根据具体情况,尝试晚一点再与孩子交流:"你下午回家时看上去很不开心,是学校又发生了什么事吗?"你可能不会立马得到实质性的回复,但是你至少已经表现出倾听的意愿——倾听孩子做出无礼行为背后试图隐藏的问题。

3. 把无礼当成耍小聪明

你可以自由地安排吃穿住行等所有你想做的事情;青少年则不同,即便有很多特权,他们的选择范围依然很小。他们就像囚徒一样,无法选择自己居住的房子和城镇,甚至无法选择自己的父母。由于孩子的时间观念与我们不同,他们总是觉得自己会被一直囚禁下去。

除了父母允许的能让自己感觉强大的方法(比如成绩好、体育好、领导力强等)之外,对青少年而言,检测自身能力的最简单的方法就是恶作剧、大吵大闹或是到处挑衅。当孩子和你说他晚上睡在奥利维亚家时,其实他可能睡在杰克家——青少年正在走捷径以获取自由。对青少年来说,一旦犯错被抓到,最好的反抗办法就是大叫,对父母冷嘲热讽,或是通过辱骂父母来转移责任。

青少年了解你们,他们知道如何巧妙地直击你们的痛点,因此,他们说出口的话往往非常伤人。我列举了下面三个例子,这些例子一个比一个强词夺理,每个都是 14 岁女孩的家长告诉我的。

例子1

女儿：我今晚睡在夏洛特家里。

妈妈：不行，你今晚必须在家睡个好觉，明天一早还有比赛。

女儿：你知道什么？我在夏洛特那里比在家里睡得更好。我讨厌你，你就是一个可怕的妈妈。

例子2

"爸爸，你不让我和同学一起逛商场，就是因为大家都知道你在高中时一点也不受欢迎，但这并不意味着你有权利监禁我。"

例子3

"妈妈，你对我这么严格，还设定了很多荒唐的规则，不过是因为你自己本身就有很多问题。（停顿）我们认识的每一个人都知道这件事。（又一次停顿）大家每时每刻都在讨论这件事。"

请注意，后两个例子中的孩子是如何使用"大家都知道"这一短语的。真实情况是大家都不知道。这只是一种让你失衡以及削弱你的威信力的花招而已。通过这种方式，他们能够得到自己想要的结果。

如果你的孩子把无礼行为当作武器来反抗你制定的规则，而你同

时也做出了激烈的回应,那么他们会觉得你已经拔出剑,只待最后的决斗,你也是在逼迫他们拔剑相向:

> 去呗,去夏洛特家里睡好了。如果你想,干脆住在她家。当初是你自己想要加入战队参加比赛。很好,你别去比赛了!这样我也能晚点睡觉,再也不用一早爬起来把你送到城市的另一端。

在你们相互开火、争吵升级时,到底算谁赢了呢?是孩子!因为他们已经成功地让你分散了注意力,把关注点从正在设定的规则转移到了其他地方。作为家长,要是你选择不去计较孩子的反抗进攻,依旧专注于手边自己真正应该做的事,你会更加成功。

你可以尝试用以下短语来作为你回应的开头或者结尾部分,例如:

- 尽管如此……
- 无论怎样……
- 那并不重要。
- 我已经做出了最终决定。
- 我已经考虑过这个问题,答案是不可以。
- 我记得我说过不能这么做。
- 我并没有打算改变我的想法。
- 我还没有准备好看那样的电影……女生在外过夜……在你房间放电脑。

请注意，这里的重点在于你自己的意愿，而不是你孩子的；这表明你无意去争论。

忽视孩子的辱骂也许会让家长觉得不负责任或者产生一种危机感，但这是有效的。别害怕，尽管去使用这种方法吧，这样你的孩子就会知道无礼行为并不能帮助他有效地避开规则。

当然，如果你能够通过不争吵的方式与孩子达成一致，让他们听从并执行你的规则的话，你还会得到一个意外的收获：你正在为他们提供一个与朋友友好相处的模板。例如，在某些场合，你的孩子可能会这样回应别人："不，我不想留在这个派对了，我想打电话让我爸爸来接我，而且我不想一直解释这样做的原因。"

4. 不懂如何处理强烈的情绪

即使在没有做出无礼举动时，青少年的情绪也会非常紧张。他们没有调节这样一种突如其来的强烈情感的经验。面对强烈的情感，年纪小的孩子容易发怒或是被窘境压倒；但是青少年不一样，他们会非常享受地漫步在这样一种全新的、复杂化的情感之中，体验着各种不熟悉的情感状态，像是悲伤、快乐、沮丧、激动，等等。正因为父母是与他们生活在一起的人，所以青少年会在家长身上去实践如何调节这些莫名的情绪。

"青少年有权利自己处理自己心中浓烈的情感，轮不到家长去清除这些情感。"有些家长听到我说这句话后可能会非常惊讶，但事实就是这样，"青少年的情绪是他们自己的事情，而不是家长的，这是分离的一线希望，家长完全没必要去体会孩子的感受"。

理想情况下，你的孩子在遇到糟糕情绪时会来找你，看到你表现出同情但又没有特别关注的样子时，他们又转身离开。虽然他们一时间沉浸在痛苦中无法自拔，但是你的做法也正告诉了他们：无论他们感到多疯狂或者失控，你都是他们坚强的后盾。这和家长过去让孩子在公园玩的情景非常相似：孩子跑向你，碰了你一下，然后又跑开了，这是为了确定爸爸妈妈会一直在那里。

如果你的孩子因为糟糕的情绪来找你，而你却受他影响，心情变得很差，或者你开始诊断起来，纠正他的问题或变得不耐烦，那么你就不再是他的港湾，他下次遇到麻烦时就会觉得即使回来找你也并不安全。

家长对青少年的种种无礼和粗俗的行为感到非常恼火，其中有一个一直被忽视的原因：青少年的行为异常激烈，言辞也非常机敏干练，这很容易让家长忘记其实他们并不是成年人。当孩子还小的时候，他们说："我讨厌你，笨蛋妈妈！我希望自己有1000块石头来砸你。"家长也许会觉得很可爱，因为这是从一个小孩子嘴里说出来的话。但是，当孩子长大后说出"你真是个可悲的人"时，这就很难让人感到高兴了。毕竟如果一个成年人对我们说出那样的话，我们会觉得害怕或是愤怒。

有一个能帮助家长容忍青少年无礼行为的窍门：在精神上"缩小"他们。想象一下：他们只有5岁，穿着乱糟糟的衣服、闪亮的芭蕾舞裙或是万圣节超人造型服的样子。当受到挫折或者感到沮丧时，他们更像是那个5岁的孩子，而不是一个老练世故的成年人。他们依然非常需要父母站在身后，这样他们才能学会如何让自己变成可靠的人。

第3章 尊重之福：冷静看待青少年的无礼行为

只针对父母的无礼行为

当我向家长了解孩子对测试、治疗或其他心理帮助的需求时，我总是问家长，老师对孩子说了什么，或者孩子是否有朋友。让我感到惊讶的是，这些家长总是笑着摇摇头，说："哦，老师们非常喜欢他，他也有很多朋友；朋友们人都非常好，但他却非常可怕。我也搞不懂为什么他的那些朋友能受得了他。"

确实，他很公正，很体贴，和朋友们在一起时就像一个青少年应该有的样子，显得非常快乐："嘿，混蛋，今天感觉好点了吗？一直坐在那边很难受吧。"他对老师和教练们也表现得很得体。你们看到过蝌蚪变青蛙吗？当小蝌蚪们开始长出手和腿而尾巴仍然附着在身体上的时候，它们已经接近"质变"的临界点了。它们可以坐在石头山上呼吸空气，但是必须把小小的尾巴放在水里面。

家长们，你们就是水。当你的孩子对其他成年人特别有礼貌，却在面对家人（尤其是妈妈）时有这些表现——冷漠、大声、敏感、苛求、缺乏感恩，你可能会很难过；但这确实属于青春期的正常现象。

另一方面，如果你抱怨的是你的孩子对其他人也很没有礼貌，或者是他的好朋友抛弃了他，那么是时候寻求外界的帮助了。一个有经验的咨询师或青少年行为治疗师可以帮助你和孩子一起去发现他的自我破坏性行为背后的原因。

放手，才能强大
The Blessing of a B Minus

将双重意识作为育儿策略

某一天，你孩子的荷尔蒙将会趋于稳定，大脑会变得成熟。当他获得更多的自由与权利时，他就不会时常感到沮丧了。迟早有一天，他会自然而然地把你当成一个有感觉和需求的成年人。他会变得不再以自我为中心。

还记得西奥吗？我相信总有一天，西奥会走进厨房，给妈妈一个拥抱和吻，然后说："还记得以前给我做的巧克力薄饼吗？我太喜欢它们了。看在过去的份上，我们一起再做一次好吗？"不过，这一天可能需要很久才会到来。正如我知道的一位祖母说的那样："总有一天，你的孩子会从他的卧室中走出来，走下楼梯，惊讶于他的父母变得如此通情达理。"

作为家长，你千万不要一直沉浸在"孩子的无礼是一种永久性的道德缺陷"的恐慌之中，这一点非常关键。如果家长迷失在这种恐惧中，就没法保持宽容和冷静的心态。你要相信，这是一个很好的机会，可以好好思考一下"信任"对你来说到底意味着什么。

我通常会建议家长使用"现实"这个词：我相信现实，我信任现实，我为现实感到骄傲。我的孩子是以"现实"的形象来制造的。婴儿学会爬行和走路，青少年最终学会与自身欲望之外的世界进行交流，这些都是具有发展意义的现实。

尽管你必须相信时间和成熟的力量，但你也不能只是依赖这两方面。青少年需要你的反馈，这样他们才能知道良好行为的界限到底在哪里。你还记得孩子蹒跚学步时一次又一次将奶瓶从高脚椅上扔下，在听到奶瓶与地板发出的碰撞声后兴奋的样子吗？那时，你的孩子正在学习速度与物理的关系。现在，青少年也在学习——学习社会标准以及相互尊重。

孩子需要家长帮助他理解社会秩序，为他做出解释："一旦你违反了这里的任何一条规则，就会造成很严重的后果。但这也是一个相对灵活而非绝对化的规则。"如果你让事情处于失控状态，你的孩子也许就会变得异常无礼，这样他就不可能被文明社会所接受，甚至无法获得你给予的最基本的善意。

为你的家庭设立最低尊重标准

那些想与脾气暴躁的孩子减少冲突的家长，通常会先进行自我批评。这又让我想到了南希，她总是对自己生气，就像对西奥那样。她对我说："我总是习惯性地对他发火，一直教他要有礼貌；我整天大喊大叫，制造了一种很不愉快的家庭氛围。为什么我就没法彻底放松下来呢？"

我对她说："在这种情况下，我并不会去特别关心西奥；我关注的是如果你以这种方式开启每天的新生活，那未免太糟糕了。"南希表现得完全不像一家之主，反倒像《哈利·波特》一书中的精灵多比——常常抱怨，噘着嘴，偶尔发火。她没有清晰地为儿子设定好早晨要做的事情，也没有教会他应该如何正确对待自己的母亲；也就是说，南希并没有很明确地表明自己的权利。而西奥感觉到了她的自我怀疑。我告诉南希:"西奥把你的自我怀疑当成了自己的优势,你只是一个沮丧的满足者。"

没错,作为青少年的家长,你必须学着去容忍那些在生活中原本无法接受的行为。我曾经建议家长要冷静处理孩子的无礼行为,但这也有一定限度。家庭不应该变成一个汇聚各种丑陋之事以及虐待家长的地方。

我经常对那些因为不断遭受青少年言语攻击而身心俱疲的父母说:"你辛勤工作,付清账单,开车送孩子去参加各种活动,为他们安排好看医生的时间,去杂货店买东西,给孩子深思熟虑的建议……然而,你从他们身上获得的回报与感激却少之又少,因为你把事情全包了。对你来说,家庭应该是一个相对平和,能让你从工作的疲惫中解脱出来的地方,这点才是最重要的。"

我经常给那些沮丧的父母说,根据犹太人的观点,维护家庭和睦是你的责任,享受家庭和睦是你的权利。这是关乎舒适度和尊严的问题。在一个家庭中,如果孩子经常性地摔门,大喊大叫地破坏平和,或是经常用"我叫你们离我远点"来回应家人的晚餐邀请,那这个家就不是乐园。

列一张清单,列出你无法接受的孩子的无礼行为,这能够帮助你判断:是孩子正在遭受的无礼行为的恶果,还是孩子对他人不够体贴和尊重,导致家庭氛围不和睦。如果孩子经常违反这张清单上的几项规定,那你就有的忙了。

不妨利用你的清单来为家庭制定尊重的标准和基本规则,有时候也可以增加一两条你特别希望孩子在任何时候都能遵守的新规则。为此,你得好好思考一下,到底哪些事情让你最不堪其烦:是无礼行为本身,还是一种可能会导致每个人都生气的情况,就像西奥拒绝早起去学校上课那样的事情?但无论如何,你一定要记住:青少年有权产生强烈的消极情绪。你要做的是专注于他们的行为本身而不是态度,例如:

"当你放学回家后,我希望你简短地说一声'嗨',这样我才能知道你已经回来了。"

"早上7点起床是你的责任。"

"你知道我们并不太介意偶尔的几声咒骂,但你不能直呼我们的名字。"

千万不要试图在矛盾激化的时候引入新的规则。可以先等一会儿,在大家都相对轻松、满足和平静的时候,再进行一次家庭谈话。或者,如果你的孩子在独自面对父母时会倾向于防御或退缩,你也可以选择一对一的方式来和他讨论家庭规则。

记住,一旦想清楚了困扰你的行为和原因,就要立刻想尽一切办法去解决这些问题。如果你的孩子有他自己感兴趣的解决办法,即使解决办法有些牵强,也不妨让他试一试。例如:

如果你在门把手上贴一张纸条,它就能提醒我在进门时向你问好。

或者,他的办法让人反感:

如果能穿着衣服睡觉,那第二天我一定能准时去上学。

或是有些愚蠢：

> 我可以在早上 7 点 15 分自己起床，因为我的朋友惠特尼每天早上都会打电话来叫我起床。

或者看上去好像又产生了新的问题：

> 如果我没有及时做好准备，那你就不用开车送我去了，我会自己走路去。当然，这一定会迟到。

这些解决办法很可能有奇效，因为它们都是孩子自己想出来的。如果有几个方法可供选择，那么大家一起讨论下这些方法的优缺点，让孩子去进行选择（家长有权否定那些看上去就不靠谱的方案，但一定要有节制地行使权利），然后再决定到底采用哪种方案。最重要的是，当成功到来之际，好事情也会纷至沓来。

在《放下孩子》一书中，我提到过"当……那么……"的句式，用来鼓励孩子多与成年人合作。这一方法同样适用于青少年："当你自己可以做到准点起床，把用过的喝水杯子从房间带到厨房、放进洗碗机里，中途改变计划时能另行通知他人，那么我们会高兴地同意将宵禁时间调晚一些，给你多一些零用钱，让你和朋友们一起开车去海边。你必须让我们看到你是一个能够承担责任的人。"

如果没有取得成功，那什么才是最合适的结果呢？对每个家庭来说，结果都不同，但都会从同样的地方开始：权利与特权的边界。就像

第3章 尊重之福：冷静看待青少年的无礼行为

小孩子一样，青少年有权得到尊重、健康的食物、安全的保障、实用又舒适的衣服、看病的权利以及良好的教育。而其他都是特权。除非孩子的行为已经达到其中的任何一条特殊化行为准则，否则所有特权都需要谨慎使用。

家长一旦在可接受行为方面的激励措施和可衡量标准上达成一致，就需要保证自始至终都按照这个标准来执行。如果你的孩子有进步，请立马给他应得的奖励，千万不要有各种抱怨，也不要随意修改标准。如果孩子的行为引发了一些不好的后果，切记要将事情的前因后果梳理清楚。家长执行自己为家庭设立的最低尊重标准时，也要记住：行动重于信念。家长不能去要求青少年尊重你甚至爱你，只能要求他们做出合理的尊重行为。青少年必须在家不断练习尊重，因为他们需要这样的练习。

注意，虽然执行规则看起来很简单，但在现实生活中，这其实很难。当然，它也应该是艰难的，毕竟你的孩子刚刚步入12岁、15岁或17岁的年龄，你也刚刚成为一个青少年的家长。所以，一定会有一个学习的过程。我们可以想象一下，南希会如何执行一项新的家庭规则。

南希告诉西奥要自己承担早上要做的那些常规事情，并且询问了他的意见。南希解释说，如果她要开车送他去学校，然后准时到办公室的话，那就要在八点整出门。

"好的好的，那我会在七点半起床。"西奥回答。

"如果你没有起来呢？"南希问道。

"如果我睡过头，你就不用开车送我了。我自己坐车去，迟到就迟到吧。"

放手，才能强大
The Blessing of a B Minus

西奥的回应在很多方面都让南希感到很恼怒，包括不吃早餐以及多次迟到的预期，但她决定不提这些。相反，她说："行，没问题，但是只要你迟到一次，原本打算周末外出玩的计划就要搁浅，你必须待在家里。"

一开始，因为双方都没有遵守约定，所以这个计划并没有奏效。一个星期三的早晨，南希在7:40的时候偷偷走到西奥卧室门口敲门，说："我只是想看一看你有没有起床，亲爱的。"西奥呻吟一声，翻了个身继续睡，一直睡到了8点。当他下楼后，南希给了他一块玉米饼让他在车上吃。他们在上课铃响之前匆忙赶到了学校。

那天晚上，南希和西奥坐下来重新修订规则。这一次，南希又询问了西奥的建议。

西奥说道："不要进我的房间也意味着别在我门口说话，不要有任何的交流，什么都不要有。我会在8点前下楼，我需要尽可能地睡久一些。下楼后，我什么也不需要吃。早上10点会有餐车经过，那时候我可能会吃一点东西。但在家里，我什么都不要吃。"

南希想，这太可恶了！我尽力在帮他，但他却这么不知好歹，这样无礼……明明可以在家吃完早餐，却还要在外面浪费钱去买早饭。但是这一次，她依然没有提出反对意见。她注意到，只要自己不妨碍西奥，他就愿意承担起早晨的所有事情。

第二天早晨，事情发生了新的转机。西奥睡过头了，而南希没有管他，直接去上班了。西奥打电话给朋友诺亚，搭他的车去上学了。周五也是如此。看到别人卷入自己的家事之中，南希觉得非常尴尬，但她依旧没有作声。周一早晨，西奥起床后随便套了一件T恤衫，穿着人字拖（尽管天气预报说外面很冷还下着雨），下楼时已经7:55。周二他又睡过头了，而他的朋友诺亚也已经出发去学校。西奥用自己的钱打车，但还是迟到了，他的考勤表上多了一行"无故迟到"。

当南希提醒了西奥两次周五晚上他必须留在家中时，他提出了一个充分的理由："这是诺亚的派对，妈妈！你也可以来，和他的父母见一见。你会喜欢他们的，你应该多出门走一走。我明晚会待在家里不出门。"

这个理由并没有奏效。"违反规则意味着下次你要出去玩的时候，就必须留在家里。"南希说道。

西奥接受了这个结果，但他也要求加上一条新规则："还有一件事，如果我一定要待在家里，那你只要和我说一次就行。时间由你来定。否则每次你张嘴我都要听到周五晚上的消息，那比惩罚还要令人煎熬。"

在错过了诺亚的派对后，西奥上学又迟到了三次，但接下来一切都开始稳定下来。西奥开始每天准时上学。有几次，他甚至和南希在车上的最后 5 分钟时间里还聊了一会儿。这段不太常见的愉快对话是西奥更加成熟的标志，也是他对自己那位更加冷静、坚强、自信的母亲态度转变的良好开端。

为青少年做善意的投资

如果青少年偶尔也将自己的父母视为盟友，那么他们就会更容易接受指导。父母可以通过向青少年展示友好的善意来培养他们。然后，在有必要建立一套被称为严格、老套、奇怪或是带有惩罚性质的礼节规则时，家长可以撤回他们的"善意银行"（投资）。

我最初是从鲍勃·迪特那里听到这个理念的。他是波士顿地区的心理学家，专为夏令营的管理员和辅导员提供指导。迪特将这一理念运用到家长身上。当孩子们到达营地后，他建议辅导员给每个家庭发一封简短的电子邮件，告诉家长公车旅行非常愉快，以及一个独属于他们孩子的细节："我很喜欢他的幽默感……很高兴旅途中能遇见这样美丽的笑容……他非常乐于助人，帮助其他同伴卸行李……他非常自豪地向我们展示了他的装备。"

迪特把这些细节叫作"银行里的钱"。如果辅导员在夏令营期间必须打电话和家长说孩子的行为问题和违反规则的事，那么这样做的话，他们之间的关系便有了熟悉和体贴的基础。

这种方法并不会立马见效，毕竟青少年很容易忘记家长为他们做过的所有好事。青少年不太可能会说："行，我今晚情愿和朋友们出去玩，也不愿意和你一起去看爷爷。但是鉴于你对我一直都非常尊重，我又怎么能拒绝呢？"他们并不会有意识地去衡量家长对他们的好，但他们可以感受到你的善意，并且付诸行动——答应去爷爷家，或者去洗一大堆衣服，但是又不像平时那样一直叨叨。

多多表现善意还有其他的好处。比如，花费很多时间干体力活的家长会因为善行得到解脱。把钱存进"善意银行"也让孩子懂得——哪怕接受者看起来并不值得被好好对待，但一个成年人仍然会施与他善意。

寻找答应孩子要求的机会吧，千万不要勉强答应，也不要因为孩子的纠缠让你感到筋疲力尽而妥协答应。在表达同意要求时，一定要热情洋溢，这会让这一选择变得更加珍贵。以下几种说法，可供参考：

第 3 章　尊重之福：冷静看待青少年的无礼行为

- 当然！
- 完全没问题。
- 太棒了。
- 那听上去很有意思。
- 如果你有需要的话，我很乐意带你一程。
- 我很乐意这么做。
- 当然。
- 不客气。
- 你今晚要不要多带点钱？

另一种投资青少年的方式是尊重他们的饮食偏好，即使你认为这些偏好让人生气。如果你的孩子宣布不再吃任何四条腿的动物肉，那么只需要买一些糙米或者小麦制品就行，即使你很有可能在他下周又开始吃汉堡时不得不扔掉这些东西。这样一来，你只花了一点钱，却让孩子感受到了尊重。

如果你因为觉得孩子与品行不良的人混在一起而与他产生冲突，那么不妨本着"让你的敌人靠近"的原则，邀请他最喜欢的朋友一起吃饭。这样你的孩子很可能会尝试站在你的角度重新审视这些朋友，发现他们其实也没有那么讨人喜欢。又或者，你会发现这个所谓的"坏孩子"更像是一个"笨蛋"而不是小混混。不过，观念的改变并不是重点，最重要的是，家长愿意去多接触甚至是了解孩子的朋友。

你也可以给孩子买他们想要的生日礼物。这种事情可能在孩子还小的时候做起来更加自然一些；而当孩子变得脾气暴躁、难以接近时，家长会很轻易地将孩子当成一个个体,重重地惩罚他们,进而变得不再小心翼翼和体贴入微。

所以,当孩子一直把想要拥有的东西、想去的地方以及想要获得的经历挂在嘴边时,你就写下来。如果你的大脑记的东西太多了,那就把这些记在清单里。如果你的预算没问题的话,大方地为他们买礼物吧。但是如果手头资金比较紧张,那下次去药店的时候,记得顺手买一下他们最喜欢的杂志或者发胶。

在家长看来,孩子有必要了解尊重行为和良好的礼节。当你儿子的教授在考虑该邀请哪位学生加入研究团队时,或者当孩子去参加第一次面试时,又或是受邀去他喜欢的女孩家共度周末时,你都希望他能被选中。如果他表现得粗鄙无礼,那么无论他的成绩有多好,他都不会受到青睐。礼节在某种程度上扮演着重要的角色。

当然,尊重他人并不仅仅是"如果你对我好,那我就对你好"。这是一条通往伟大成就的道路。所以,如果我们能善待那些身处悲伤或病痛中的朋友,那么一个微小的举动也会具有鲜明的精神色彩。它能把我们和传统以及别人有效地联结在一起,创造出一种高尚而伟大的感觉。

眼睁睁地看着孩子离你远去是很痛苦的事情,但是当你以一种尊重孩子的成长阶段和个人精神的态度去引导孩子,你就真正走上了一条神圣的道路。

第 4 章

责任之福：
作业、家务和工作的真正价值

作为家长，你要用"每日的工作就像是人生的一份礼物"去教育孩子，鼓励他们多培养能够开发自身潜力的技能，以适应从孩子、学生到家长和社会人等身份的转化。

邻居的儿子乔西是一名顶级大学的大一新生,在秋季放假时,他将八月底去学校上课以来积攒的所有衣服都塞进了三个超大号的箱子里面,然后支付了额外的150美元行李费,在通过机场的检查后,带回了家中。

当乔西到家后把一堆臭烘烘的牛仔裤、体恤、运动衫和袜子堆放到杂物间,然后走向厨房时,他的母亲惊讶地问道:"你到底在想什么?"

"妈妈,"乔西打开冰箱,"我怎么会有时间洗衣服呢?我一直都在学习,况且,我所有的工作都在希勒尔。"

乔西是一个热心肠又有责任感的年轻人。他并不会常常让自己的母亲代劳。但在高中时,为了让乔西全身心地投入学业和课外活动中,他的父母把所有的家务活都包了。如今上了大学,乔西认为这一交易仍然存在——学业给了他不用做家务的理由。在乔西看来,他自己太优秀了,根本不需要去做整理袜子这样的家务。

家长总是认为,保护青少年不做家务及其他工作是对他们的爱护。

第4章 责任之福：作业、家务和工作的真正价值

因为他们半夜都还在写关于自由市场在中世纪造成的影响的论文；然后，他们早上6点起床进行游泳队的集训；训练完后，则开始度过一整天漫长的校园生活。此外，他们的脾气非常暴躁。提醒他们擦个玻璃就好像在挑衅他们打架一样。而此时，家长已经很疲惫了，完全不想再陷入一场争吵。

但如果家长不让孩子去做类似于洗衣服这种日常家务的话，那就是在向孩子表明工作分为两种：高贵的和卑微的。

在这种扭曲的观点中，高贵的工作包括学习、体育锻炼、练习乐器，或者辅导一个贫困地区的孩子。这能让青少年变得更有成就感、更见多识广、更能被大学招生部注意到。

让很多青少年觉得卑微的第二种工作包括：按时完成全部的作业并及时上交；牢记在体育锻炼时带好必需的装备；当厕纸快用完时，主动更换；即使在舞会季节，也要好好记录银行卡里的钱；给家里的车加满油；给机器上油，让其保持运转状态。这类工作大都是日常琐事，有时显得非常无趣但又必不可少。在日常生活中，占很大比重的都是一些维护和修理工作。

如果家长让自己的孩子产生一种他们太特别因此不能做这些日常琐事的感觉，那就等于培养了一个"残疾贵族"——成绩优异且充满信念，但却不知道如何让衣服变干净、如何看明白信用卡账单的年轻人。

这些王子和公主尽管在学业上取得了巨大的成功，但当他们进入下一个生活阶段时，就会陷入麻烦之中。保持衣物整洁本身就非常重要，同时这也是独立自主的象征，是应对其他挑战的关键——如何与难相处的室友在一起生活，判断在什么时候该和谁一起喝酒，该吃多

少、睡多久、如何规划钱财,以及如何安排工作和学习等。"残疾贵族"们完全不懂这些细节。他们会感到孤独,因为相信自己太特别,不需要和其他人合作;他们也会感到焦虑,因为觉得自己太脆弱,没办法应对生活中的各种难题。

当青少年学着处理日常生活中的各种任务时,他们会变得更冷静、更有责任感。但如果作为家长的我们不去消除一个错误观念——区分出什么是值得做的工作、什么是不值得做的工作,青少年甚至都不会尝试去做这些日常事务。

细节很重要

纽约河谷希伯来协会的艾维·维斯拉比和我们讲了这样一个故事:

几年前,一对夫妻来到泰尔斯耶西瓦的吉福特拉比面前,请他帮忙解决一场家庭纷争。丈夫是吉福特拉比所开办的全日制学习课程的一名成员,他认为自己作为一个学习的人,不应该再去做扔垃圾这种有损尊严的事情。但他的妻子却不这么认为。吉福特拉比认为这位丈夫理应帮助他的妻子,他在传统或者法律义务上都没有拒绝的理由。

第二天早上,在晨礼之前,吉福特拉比敲响了这对年轻夫妇的门。丈夫吓了一跳,赶快请他进门。"不,"吉福特拉比回应道,"我来这里并不是为了做客,而是为了帮你们扔垃圾。你可能认为扔垃圾有损你的尊严,但这对我并没什么影响。"

第4章 责任之福：作业、家务和工作的真正价值

为什么一个拉比要费尽心思地去教授世俗琐事的重要性？因为就像我在第3章中所说的那样，犹太人相信，行动重于信念。类似帮助家人倒垃圾这种正确的行为，远比正确的信念来得重要。在另一个家喻户晓的故事中，哈西德派的创始人巴尔·谢姆·托夫将另一位拉比喝过的咖啡杯拿到水槽中去洗。当被问到这一行为时，他回答说："不论在什么时候，洗碟子都是理应做的事情。"

如果我们将视线从一些夸张、浮华或自我满足的事情上移开，就能很容易地看到工作任务中的神圣之处。我们清除花园中的杂草、整理家庭文档的时候，就是在创造一种秩序。当我们将餐桌椅摆放整齐、小心翼翼地将纸巾从中间折起、将精心制作的食物摆上桌，或扫去地上的碎屑时，我们就是在推动社会进步。

现代神学家、荣格主义学说研究者劳伦斯·科里指出，我们可以在"削铅笔、敲坚果、清洗猫窝以及训练宠物"这些琐事中发现神圣的火花。在这种观点看来，细节很重要。扔垃圾和找到癌症的治愈方法或是跳进河中救援溺水者一样神圣。

教孩子认识到日常事务的神圣

如果你有一个从未意识到日常事务有多大影响力的青少年，那可能是因为他从来没有扔过一次垃圾。家长千万不要放弃希望；要知道，对孩子来说，从现在开始了解日常事务的珍贵性为时不晚。

首先，一定不要对孩子提到"家务是神圣的"这种话。如果家长

放手，才能强大
The Blessing of a B Minus

只是想着对孩子分享自己宝贵的精神智慧，孩子可能完全不会理睬你或是索性忽视你。但是，你一定要坚信，让孩子了解日常事务这件事对他来说很有帮助。即使孩子特别固执己见，家长在态度（尤其是在意识和决心）方面的变化也将会改变孩子的行为。

作为家长，我们不能强制孩子喜欢无聊的日常事务，但可以通过自己的行为去引导孩子完成日常事务中最重要的三个部分：家庭作业、家务以及薪酬制工作。

降低家庭作业的压力

上小学后，孩子开始渐渐熟悉学习和家庭作业。在理想的家庭环境中，家长会制定相应的家庭作业规则，例如作业做完前不能看电视。一般情况下，孩子都能独立完成自己的作业。但是到了中学，孩子的作业量猛增，同时还要在考试中取得理想成绩；这样一来，压力就更大了。在这一点上，学习看上去确实变成了一项高贵的工作。

当上述情况发生时，家庭角色就会开始失衡。孩子被要求学习、学习、再学习，而家长则变成了导游、门房和秘密警察的集合体：

> 你是什么意思？你明天有西班牙语考试？你知道这件事有多久了？为什么没有告诉我？我会在你看书复习的时候把晚饭端给你。

又或者：

第 4 章 责任之福：作业、家务和工作的真正价值

我发现你这周的任务表被塞到书包下面了。你到底有没有意识到周五你还有一份历史报告要交？看一下我为你制订的作战计划。今天我开车送你去图书馆查资料，明天你给我看写好的大纲。周三开始起草报告，周四等我来检查。

快退后！放下你的托盘，远离孩子的时间计划表。如果家长过于看重学习，并且单方面认为孩子需要你的强力帮助，那你就完全走偏了。家庭作业并不是用来为家族赚取荣耀的工具，它仅仅是一项日常工作。家庭作业教会孩子的不只是二次方程式或者马其诺防线，更是被称为执行功能的认知能力:计划，分清主次，有更高的追求和忍耐力。执行功能也许听上去并不太吸引人，但如果没有它，人类就无法设定并实现目标。

这不禁让我想到肖恩。他的故事会让你们见识到典型的青少年思维过程以及他那初二科学论文的事情——老师让他自己调研、撰写、修改以及校对。肖恩的父母并不相信在没有他们的监督和帮助之下，肖恩能圆满地完成这个任务。

让我们一起来看看，当肖恩的父母没有把他当作"残疾贵族"，而是让他跟着"灵感—阻力—反馈—自信"的学习曲线学习时，到底发生了什么呢？

1. 灵感

我想起来包里还有一条迷你士力架。咦？粘在上面的是

一张什么纸？哦，是克洛斯老师布置的任务。看看是什么时候的……两周前布置的？啊！周三就要提交作业，我只剩今明两天的时间完成作业了。"对比太阳系的地心及日心模型。"好的，我要冷静下来，我知道天文学。宇宙大爆炸、黑洞、蜘蛛星云……我以前超喜欢它们。我在四年级的时候，还画过好几百张彗星撞地球的图画。也许我还可以给我的报告画上插图。这简直太完美了。

肖恩回忆起他以前对那些燃烧着的太空碎片的狂热，第一次充满了创造性的灵感。灵感是私人化的，家长没办法为孩子提供这种东西。如果当时肖恩的父母站在他的房间里，说："好了，肖恩，我们开始吧，你想写什么呢？你觉得小行星怎么样？你还记得过去你有多喜欢它们吗？"那他们很可能会阻碍他对这一话题的热情。

2. 阻力

灵感的产生不可避免地伴随着阻力，阻力也会以某些新形式出现：无聊，挫败感，自我怀疑，愤怒，饥饿，口渴，疲惫，孤独，瘙痒，注意力涣散……我们一起看看肖恩的思考过程：

这是什么？"报告不能借助网络资源。"嗯……我就简单地看一下维基百科，不会有什么问题的。地心模型条目底端写着一本书：亚瑟·克斯勒写于1959年的《梦游者：人类对宇宙认识不断变化的历史》。这本书听上去很经典，我相信学

第4章 责任之福：作业、家务和工作的真正价值

校的图书馆一定有。当然，我也没有必要非去验证不可。"请注意正确使用标点符号，所有脚注全部采用标准格式。"噢，我真的困死了，太困了！

行，现在我已经抄了一页的笔记，也许应该检查一下拼写，然后改正有错的地方。要不然直接打印出来，看纸质的文档。为什么打印机的灯一闪一闪的，是坏了吗？或许我先下楼去找点喝的，等下它就会重新开始打印的。还是先看会儿电视放松一下吧。发生了什么？哦，我的天哪，我简直不敢相信电视里放着《天地大冲撞》！太让人兴奋了，和小行星有关呢，我一定要看看。报告我可以明天完成。我完全可以熬夜熬得晚一些，那时候我的精力会更充沛。说不定克洛斯老师明天会在课上讲一讲报告的事，这样我写起来就更容易了。哈哈，今天的任务完成了。

人们常说"天赋并不是艺术的必备要素"。为什么呢？正因为有这种自然的阻力存在。对青少年来说，做作业的最大好处之一就是学会克服阻力，使大脑在灵感、兴趣、激动的劲头出现后仍能够保持高速运转的状态。然后，他们就能学会独立完成作业了。

3. 反馈

如果肖恩的家长允许他犯错，那么生活自会给他教训。我们一起看看肖恩因为对糖果的渴望而匆忙完成了一篇作业后发生了什么：他从脚注错误、晚交一天的报告中得到了教训，最终只拿到了令人失望的

分数:"B-"（在分数越发重要的时代，这是一个让很多家长都不能接受的成绩）。

这就是心理学家所谓的"自然后果"。当家长拒绝扮演孩子的指导者或私人助理时，现实世界会帮助孩子。从这一角度来说，糟糕的结果反倒是好事。因为迟到带来降分的痛苦，或是因为一份匆忙完成的工作而得到低分，这些教训都是无价的。因为你的孩子已经获得关于结果和努力成正比的自动反馈了。

而老师之所以对家长管理孩子完成作业一事感到非常沮丧，一个重要原因就是家长干扰了这种自动反馈的正常循环。如果家长过度紧张地控制孩子的作业计划，总是不放心地检查和修改孩子的作业，孩子就没有机会去了解自己的努力与最后的结果之间的细微差别——"哦，如果我选择看电影而不是写作业，那么我的报告就写不好。"老师同样也被剥夺了依据学生的个人需求或集体需求来制定相关课程信息的可能，好比"看来我需要在课堂上好好讲一下报告的第一段如何写了"。

如果家长在青少年首次遇挫时横插一脚，那么你们会发现很多"意想不到"的信息：

> 这项作业简直让人难以忍受（不，并不是这样的，他只是不够熟悉，因为他之前并没有独立完成科学报告的经验）。
>
> 这对他来说太多了（不，并不是这样。他有足够的能力与智慧去解决这些问题）。
>
> 对他来说，完成每一个任务并取得好成绩非常重要，毕竟他还有一年时间就要面临高考了，我们不能冒任何风险（不，这仅仅是众多报告中的一篇）。

第 4 章 责任之福：作业、家务和工作的真正价值

家长经常产生上述想法，认为孩子必须要在自己的陪同下才能顺利完成一些容易处理但会让人觉得不舒服甚或讨厌的事情。难道这意味着家长只能袖手旁观，眼睁睁看着孩子失败？有时候也许是这样没错。

当然，家长可以有所作为。尽管帮孩子写作业不可取，但阻止孩子延迟交作业却是我们可以做的。一些孩子把作业看成是无聊的折磨，但拖拉只会让事情更加严重。

家长可以将一句古谚语教给孩子："唯一的办法就是先将问题解决。"有些孩子晚交作业是因为他们觉得开头很难，或者被大量的作业任务压垮了。通过积极的聆听，家长完全可以在不干涉孩子的情况下支持他们或提供解决问题的指导性建议。如果孩子在撰写报告之初有困难的话，家长可以小心询问他们到底遇到了什么挫折：

家长：我能看出你每周四晚上都因为堆积如山的作业而感到苦恼，你觉得我怎样才能帮到你呢？

孩子：没错，在开学之初，老师确实给我们安排了每周作业计划，但只有丹尼尔·格林伯格能照做，你知道她是什么样的人……我觉得我只能像她那样把所有的任务填进计划表中，如果我还记得住那些任务的话。

或者：

家长：你看起来压力很大，在想些什么呢？

孩子：无论何时只要我坐下来写作业，都觉得不知从哪里开始。

家长：是的，当我逼着自己写陈述的时候，我也会有同样的感觉。开头对我来说也是最难的事情。那你在课堂上有提过这个问题吗？

孩子：迈克尔女士说所有人都认为第一段很难写。她说有些人就喜欢先写文章的中段，然后再去写开头。

家长：那听起来倒是个不错的主意。

家长也可以通过移除阻碍的方式帮助孩子完成作业。对于一个青少年来说，电子产品是集中精神的主要障碍。仅仅是一台电脑就拥有了能够轻易分散孩子注意力的东西：音乐平台、聊天软件、邮件、视频网站。虽然每个有自尊心的孩子都认为自己能够处理多项任务，但一直响个不停的短信一定比为一篇英语文章选择主题句有吸引力得多。

如果你的孩子一直完不成作业，一定要记住，这是他自己的日常事务。你可以做的仅仅是提供一定的帮助，比如要求孩子在作业完成前把手机放在门外，或者断开无线网络。面对面这种传统的社交方式也是一种阻碍。当孩子的作业堆积如山时，你一定要先让他把作业做完，然后才可以同朋友一起出门玩。

4. 自信

两个月后，肖恩开始写地球科学报告的第四段。下面这段文字描述了一个非"残疾贵族"的想法，这也可能发生在你的家庭中：

> （肖恩正在检查他的每周计划）马上要开始写报告了。今晚我应该问问妈妈，周二晚上她能不能晚点来接我，这样我就有时间去图书馆查资料，记下参考文献，然后在周三写报告。我还需要问山姆借一下格式手册，这样我在家也能写。周四那天，我先复习完数学，再完成最后一部分报告……这样做应该就不会有什么问题了。

家务是生活中的一门课程

家庭作业的确很耗时间，但切记不要让作业成为你给孩子安排家务活的阻碍。克服这种矛盾是一个很大的挑战。没错，孩子要做很多的作业、有各种各样的排练，也确实需要社交生活。当然，家长也都很忙，因此，与其等着慢吞吞、马虎又心不在焉的孩子做事，不如自己把事情都做了，这要简单得多。

但是，家务是生活中的一门课程，而且是免费的课程。学习洗衣服、清扫地下室、照顾宠物这些任务，绝对比关于学术能力考试的预备课程更具实用性，孩子也更能胜任。就我的经验来说，做好家务会让孩子在学校有更好的表现，因为家务活能教会孩子怎样合理安排自己的时间和行动。家务还能为孩子以后的生活奠定基础。

有一定家务能力的年轻人会更加恪尽职守。他们会在聚会结束后帮忙清理现场，去女朋友家做客时帮着一起洗碗碟，也会为一个共同的居所营造更舒适的居住环境。他们会非常自觉地去帮忙，根本不需要别人提醒。他们不会被"只有无能而平庸的人才会每天都做家务"这种观念所干扰。因为他们掌握各种技能，又一直积极参与，所以大家都认为他们既善良又让人尊重，所有人都很喜欢他们。

如果你的孩子至今为止还没有可做的家务活，那就把家中每周、每月甚至每个季度要做的家务都列出来。然后开家庭会议，把这些任务分配下去。如果你的孩子在选择他应承担的家务活方面有话语权，那他会更容易参与进来。所以，让孩子去挑选自己喜欢的或者至少没那么讨厌的家务活吧。

要是没有哪一项家务能够吸引你的孩子，那就根据他的才能和性格特征来安排任务。如果你的孩子是一个有条理的购物者，那就给他一份清单，让他去超市购置家用。如果他有使不完的精力又不怕高，那就让他去清理落水管。

要记住，做家务的意义在于减轻家人的负担，同时教育你的孩子而不是折磨他。不要用做家务来惩罚孩子性格中不受欢迎的一面，例如："你不知道怎样整理书桌吗？那么恭喜你，车库就交给你了。这肯定能够教会你！"

接下来，家长就要贯彻执行。请及时确认你的孩子已经做了家务（尽管它有点无聊），这对家长来说是非常重要的责任。

1. 学习清洗、堆放碗碟的技能

我知道，不和孩子住在一起时，家长会把提升孩子的家务自觉意识这件事想得很简单。你的儿子可能会自愿去洗碗碟，但是却把碗碟堆得乱七八糟：把红酒杯卡在锅的旁边，把色拉碗随便放在架子上，将本来能够放半打盘子的空间都占住了。你打开柜门要把杯子放进去时，却发现餐具上还粘着番茄酱，一阵阵难闻的味道飘向了房间的每个角落。

面对这种景象，家长会做何反应？你可能会觉得很失望，心想：如果他真的爱我，真的感激我为他做饭的辛苦，他就应该做得更好。或者，你会把这种粗心的行为（乱堆放碗碟）转为对孩子性格的总体判断：也许因为我那糟糕的教育，孩子变成了一个粗心的人……

对于青少年混乱的表现，家长会觉得很愤怒，这种愤怒之情也许来自一直困扰你的事情所造成的巨大压力。比如，我有一个病人，她在有压力或感到愤怒时会反反复复地检查门是否锁上，而不是向丈夫表达她的愤怒。

家长有时会把一些较大的问题（如婚姻、经济等问题）缩小为实际的生活问题（如聚焦孩子的堆放碗碟技巧）。用这种下对上的实际角度看问题，看似能让生活中的各种问题看上去变得更有条理、更容易解决，但其实这些都是暂时的，因为一般情况下，青少年不仅仅会拒绝你那错位的愤怒，还会将它加倍还给你，比如：

妈妈：杰森，马上下来看看这个。你老是谈一些增强生态意识的话题，但你知道如果你不把东西放好会浪费多少水吗？

杰森：我不理解为什么要做这些，在你眼中我什么事都做不好。事实上，我觉得自己做得挺好，但你就是一直故意挑毛病。如果我像我朋友麦克斯那样有不良记录呢？你就不会对我怎样堆放碟子抱怨个没完没了了吧。你该感到高兴，至少我没有在车厢里堆放喷漆罐和杂草。

别对孩子的鲁莽行为和不耐烦的态度太过在意，这只会让你心情不佳。你要做的是，用"青少年在不断发展的"这一知识安慰自己。青少年就像一台制造多巴胺的机器，他们的大脑更倾向于寻求新鲜感和刺激。对他们来说，放慢速度去集中精力于堆放碗碟这种事情太难了。

青少年变得粗心的另一个原因是他们的前额叶皮层还没有发育完全，所以像按大小尺寸和最佳清洗方法对碗碟进行分类这些事情，对他们来说是一个巨大的挑战。

然后，身体成长方面的挑战也是一个原因。你知道孕妇为什么一直把东西洒到衣服上吗？因为她们不习惯自己的身体变化。青少年也一样，他们的四肢还在不断生长，因此很容易误判架子之间的空间大小而不小心打碎盘子。所以，尽管他们能在发短信和玩摇滚的时候表现得特别灵巧，但是像清洁碗碟这类需要精细的手眼协调能力的工作则大大超出他们目前的身体水平。这和家长没有关系，也不是教养方式的问题，他们只是需要时间以及更多的练习。

家长应该坚持让孩子做家务，但也要适当地自我放松。家长可以尝试使用一种全新的方法——如果碗碟清洗得很干净，也没有被打碎，那么你的孩子就算是完成了交代的任务。

家长为孩子安排一份任务时，要提前让他们明白你的衡量标准是什么，比如："好的，那你每天晚上都要把碗碟擦干净然后放进洗碗机里。每天晚饭后做完这件事，否则你就不能玩电脑。有问题吗？"然后，尽量让他自己去决定到底应该怎么做。

不要坚持让孩子严格按照你的方法去完成任务。要知道他正处于不断学习的过程中，而你已经是一个专家。他有自己的做事节奏，你必须尊重这点，即使你的方法更高效。如果他想放音乐或者停下来和狗一起玩，这都没问题。如果他想要你一起陪着，那么你要感激又多了一次和他相处的机会，而不是怀疑他又想偷懒耍花招。

2. 清理凌乱不堪的卧室

厨房、客厅、公用浴室以及走廊都是房子的公共区域。在这些地方，孩子可以观察到家中的卫生标准。是的，你必须理解，在经历了一天的繁忙之后，孩子仍然需要捡起地上的书包和衣服。是的，他们必须先喂狗，然后才能去做其他事情。然而，青少年却常常将自己的卧室变成战场。在这种情况下，我建议一方先投降。

就像无礼、一觉睡到中午或者一个晚上吃两顿那样，凌乱不堪也是青少年的共同特征。他们的整个成长过程是混乱的，所以混乱的房间就是他们内在的真实写照。青少年没有一个全新的自我，他们坚信如果要塑造一个新的身份，就要从过去的物件中保留旧的自我。这些旧物件包括：填充动物、魔术用具、娃娃、游戏DVD、棒球帽、T恤、发夹、钢笔、指甲油瓶子或是曾经用过的口红。

在青少年看来，这些玩意儿都承载着感情。回忆对他们来说非常宝贵，每一分钟都有着重大的意义。他们不想扔掉一张口香糖的外包装纸，因为它承载着许多记忆：什么时候得到的口香糖，口香糖的味道，他们当时和谁在一起，是开心还是难过。青少年表现得愤世嫉俗，实际上内心却多愁善感，而他们的房间就是所有情感交汇的漩涡。

如果你的孩子在自己的房间一直找不到他需要的东西，比如作业本、钱、车钥匙、重要的文件或是囤积的食物和用过的盘子，那么是时候让他清理一下了。除此之外，卧室就不关家长的事了。在我的育儿课上，有两位妈妈的想法就很好。一个说她完全不介意儿子卧室的凌乱，因为他房间的新地毯上只能摆放很少的东西，她知道这会持续很久。另一个妈妈说她对整洁的唯一要求是在书桌、床到门之间留出一条"地震疏散通道"。

3. 适时按下重启键

家长制定好家务清单让孩子自己挑选，也同步告知他最低标准并且做到不插手，但是，家里仍然乱糟糟。碗碟没有堆放整齐，甚至都没有洗干净。孩子卧室的凌乱东西都延伸到了走廊、客厅以及门廊……

与其一味挑剔，不如改变策略。

首先，家长要确保自己对家务活树立一种合理而虔诚的态度。你希望孩子能够将衣服挂整齐，那当你随意乱丢脏袜子的时候，你感觉这非常合理吗？如果是的话，那你就是在制定双重标准。你会因为工作繁忙而把所有的家务都扔给别人吗？如果会的话，那你就是在教育孩子，忙碌的人不需要打扫卫生。你会表现自己很爱做家务，同时又不停抱怨吗？你会在孩子看他最喜欢的节目时报复性地把吸尘器伸到他脚底下吗？如果是的话，那你就是在向孩子传输这样一种观点：家务活就是生活沉闷的替代品，而不是一种能够提升生活品质的实际方法。家长要尽力改变自己的态度，这样你会发现孩子的态度也在发生转变。

如果改变你的态度仍然无法解决问题，那就直接和孩子谈一谈。你可以尝试这样说："我们的家务分配并没起什么作用，我一直在叨扰你，而你感到很生气。"或者"我晚上回到家后，完全没法确定你是不是已经喂好了狗。如果你只是偶尔喂一下它而不是天天喂的话，那还不如不喂。我不想再担心这件事了。"把你们各自的想法汇总起来，然后思考新的解决办法，并再次尝试。

另一种办法是重新思考孩子的家务分配。拿出家务清单，重新看一遍。如果孩子最初自愿选择堆放碗碟，而事实上却表现得非常笨拙，不能集中注意力将事情做好，那家长可以建议他是否考虑换成洗车。如果家长对自己的要求太过于执着，或者对孩子需要做某件家务过于大惊小怪，那我们就完全错过这些日常工作的价值所在了。因为家长并没有给孩子机会，让他们带着自信与骄傲完成这项既日常又神圣的任务。

4. 重新定义特权范围

当青少年长期不好好做家务时，家长需要声明这样做的后果。家长要记住一个原则：除了为孩子提供合适的衣服、良好的学校教育、安全的保护以及有营养的食物之外，其他东西都属于特权范围，一旦孩子违反家庭规则，你完全可以随时撤回这些特权。

家长事先声明后果时也要做好打算，因为孩子可能会找各种理由进行反抗：

我本来是要去洗盘子的,但是我得让锅里烧焦的东西泡一会儿。

或者假装冷漠:

随便你,你爱把我电脑拿走就拿走,我无所谓。

或是精确地打击家长的自尊:

你这么做就是因为没了事业,现在你唯一能拿得出手的就是这个干净到可怕的家吧。

千万别上当,不要让争吵无限制升级,或是表现出你有多伤心。因为孩子一旦发现这种语言攻击性的武器能够分散你对手边紧急事务的注意力,就会一次又一次地用这些攻击你。家长一定要保持冷静,不要在意他们说的话,让他们知道这并不管用。你可以这样回答:"尽管如此,你确实没有洗盘子,所以今晚你不能玩电脑。"

我知道,从孩子身上收回一个特权很困难。事实上,他们的脾气确实不太好。但如果家长看孩子不做家务就自己一手包办,那孩子不可能学会独立,你也会变得愤怒不满。对家长来说,这并不是一个有尊严的立场,你的家也不会好看到哪里去。房子是家人的容身之地,它应该是一个神圣的地方,一个文明化、秩序化的环境。当然,你没有必要跟孩子特意强调这些,只要在你需要勇气给孩子布置家务时,牢牢地记住它就好。

第 4 章 责任之福：作业、家务和工作的真正价值

我无法做出任何的承诺，但是你冒险地让暴躁、冷漠的孩子做家务，很可能会收到意想不到的情感回馈。因为和孩子一起做家务可能是你们在一起做的最有意思的事情。整理衣柜或者一起给院子除草，这些事情都能够提供一个彼此闲聊的机会，而这样的闲聊也许是你们很久都没有过的。有时，注意是有时，这样一种闲聊还会逐渐深入，比家长进入孩子的卧室、坐在床边要求他们交心要自然得多。

薪酬制工作的益处

除了家庭作业和家务活之外，我也希望青少年能有一份薪酬制的工作——一份真正的、寻常的工作。大学招生办的工作人员和我的想法一样。

有天晚上，我和一群来自精英私立大学招生办的工作人员参加了一场小组讨论。在谈到"选择标准趋势"这一话题时，一个成员表示她更喜欢能有一份工作的学生，其他人也纷纷点头表示同意。

观众席的一位母亲举起手，激动地一直招手，说："我女儿曾经参加过一个活动。"说到这里，她突然停顿了一下，用近乎颤抖的声音小声说道："在非洲。"她继续说着："学生们在社区做义工，帮助当地的孩子做手工，教他们英语单词，帮忙在学校后院搭建用来存储园艺设备的简易棚。"

一名招生办人员却嘲笑这种做法。

很明显，他的意思并不是说招生办人员看不起贫困地区的人。他们嘲笑的是家长始终觉得"暑期志愿者体验"对大学申请有很大帮助。

放手，才能强大
The Blessing of a B Minus

为什么招生办工作人员对那些在肯尼亚铺设管道的学生并没有敬畏之心呢？他们的理由和我想的一样：当青少年花着父母的钱参加社区服务活动时，无论是在非洲还是离家很近的地方，他们都不是为了钱去工作。但是，那些组织社区活动的成年人却是为了钱而努力工作。就像游轮娱乐的总监一样，这群成年人想要和孩子做回头客生意，或者让孩子在学校、寺院、教堂这类公共场所为他们说好话。他们希望家长和学生能跟所有的朋友这样说："克洛伊玩得很开心！游艇的窗户上有玻璃，也没有很多蚊子——感谢上帝，我们去的那个乡村并没有疟疾，她甚至都没有晒黑。"

"实习生"也有类似的问题。家长利用暑假，将孩子安排进自己或朋友的公司做暑期工。青少年要承担的责任很小，而且这些责任一般都是人为制造出来的。他们基本没对公司作出什么贡献。待在这样的实习岗位上并不会产生一点点风险，孩子的任何行为都不会对公司产生影响。除非有严重的不当行为，否则他们绝不会被开除。他们每天要做的是请求那些大人为他们安排一些工作，或者试着让自己看上去很忙碌。

大学招生办的工作人员很清楚这些事情，所以，你会在通用申请表的第四页上看到这样一条要求：

工作经验：

请列出三年内你做过的**薪酬制**工作（包括暑假工）。

注意一下，"薪酬制"一词是加粗字体。

第 4 章 责任之福：作业、家务和工作的真正价值

一份薪酬制工作是教会青少年尊重、自律、成熟以及诚实的最佳途径之一。这四种品质是填写通用申请表的教师推荐语时老师给予孩子最有用的评价。

薪酬制工作和志愿者体验、实习经历完全不同。在薪酬制工作中，青少年是为成年人工作，所以不得不去迎合成年人的各方面。成年人支付薪酬，青少年就应该准时到岗，完成规定的任务，穿着得体，尊重他人，保持工作区域干净整洁，避免拖拉，忍受批评（甚至是不公平的批评）以及学会和不同阶层的人打交道。当青少年在工作中出现了问题——例如负责照看的孩子呕吐了，或是爆米花机子把奶油喷溅得到处都是以至于工作的货摊也不可幸免，又或是顾客抱怨弄错了牛奶的价格，等等。这些问题都需要他们自己去想办法解决。青少年要自己收拾残局，找出问题根源，然后勇于改正错误。

1. 辛苦的工作更锻炼人

你的孩子也许会在暑假找到一份要求不是那么高的工作——在乡村俱乐部帮那些豪车泊车，赚取高额小费。如果有可能的话，我并不鼓励这种赚钱过于容易的工作。有时候，工作越不吸引人，它所带来的效果反而越好。

高中时代，我的一个朋友劳丽·古德曼在一家自行车工厂找到了一份暑期工。她的工作是拿起涂了防锈润滑剂的支架放进塑料袋中，每天工作 8 小时。工头走过生产线，大声喊着让工人们动作快点。劳丽和另一个朋友通过给对方唱百老汇歌曲来分散对重复工作及各种羞辱的注意力。就这样，她们学会了一边吹口哨一边工作。

这本身就是一个经验，但还不仅于此。这两个女孩意识到她们能够保全面子、略微漫不经心地工作，纯粹是因为这只是一份暑期工。这里的其他员工则很依赖这份工作，不敢冒风险惹恼工头，所以大家都保持沉默。

从事一份不喜欢、不体面、不好做的工作，不仅能让青少年满足最近大学招生的"选择标准趋势"，还能教会他们站在那些工作辛苦但收入微薄者的立场上，设身处地为其着想，抱有同情心。这样的工作教会孩子：工作并不等于屈从，任何工作都能带着尊严去完成。另外，当孩子看到低收入、低技能的工作后很容易产生这类工作是那么枯燥乏味的想法，这鼓励他们在校时要努力读书。

与其把孩子送到非洲，不如考虑将他们送到巴斯金·罗宾斯大学去参加暑期活动。在那里孩子们需要一勺一勺从桶里挖冻成块的冰激凌，他们会觉得很冷，手臂也会因为反复的按压力而受伤。他们可能会因为人们一直问"杯装还是蛋卷装？加不加糖？要不要加个盖子？"这类问题而感到无聊。他们也许拿到的薪水很低，但这样一份体验却是无价的。

2. 无须对孩子过于担忧

青少年可能会找到很多激烈的借口反对找工作这件事，例如：

"妈妈，我绝对不会在我朋友能看到的地方穿上这么傻兮兮的制服！"

"在他们扣完税后，我等于什么都没赚到！"

第4章 责任之福：作业、家务和工作的真正价值

"伯格曼家要求我每周六晚上去照顾婴儿，这等于我的周末就没了，这是我唯一能和朋友出去玩的机会呢。"

但是，如果家长坚信薪酬制工作的实际价值和精神层面的意义，那你们就可以轻松过滤掉这些抗议。用什么方法？要求青少年自己去赚零用钱！当孩子需要靠自己那点薪水去买苹果手机时，你会很惊奇地发现，他很乐意穿上剧院的制服——那种又大又闪、像演出者一样的制服，戴上演出风格的帽子。

是的，孩子的反对完全可以克服。但来自家长自身的呢？家长会疑虑孩子工作占用的时间，工作的安全性和稳定性，让我们一起来看一下。

反对一：

"当我还是青少年时，我所做的工作——送报纸、修剪草坪，现在很难找到了。"

某些传统意义上适合青少年做的工作，现在已经变成一群低收入成年人的工作内容。但是，只要家长放宽眼界去找，还是可以找到适合青少年的工作机会，就像下面这些：

- 影院的引路人
- 咖啡馆服务员
- 餐厅服务员
- 快餐店工作人员

放手，才能强大
The Blessing of a B Minus

- 度假村活动协调员
- 儿童生日聚会设备助理
- 救生员
- 庭院工人
- 游乐园或主题公园工人
- 儿童家庭教师（辅导学校作业、艺术、乐器等课程）
- 儿童运动队伍的教练或裁判
- 零售店店员
- 杂货店装袋工
- 育儿保姆

反对二：

"我的孩子除了课后活动和家庭作业，放学后根本没有时间去做其他的工作。"

这种情况可能属实。家长可以决定让孩子在暑假的时候做全职工作，在学校的时候则专注于学习和各项活动。

但是从我的经验出发，薪酬制工作能够激励青少年。现实世界所要承担的责任让他们跃跃欲试，他们在工作中培养的优秀习惯可以提高做家庭作业、上音乐课以及从事其他任务的效率。正因为如此，我一直希望我女儿能够全年工作。

暑假是一个可以做一些传统工作的时间，比如做营地咨询员或零售店店员。在校期间，这些工作并没有消失，只是孩子们拥有的时间可能不足以维持最低工作小时数。我认为，一周工作时长超过15小时有可能影响在校表现或睡眠。

而实际上，艾玛和苏珊娜找到了一份更具商业化特征且工作时长也较少的工作。艾玛找到了一份拼车送孩子上学的工作，每天送学生上学，赚取一份协商好的费用，这份工作不要求艾玛对成年人负责，但会让她主动去收取费用。艾玛每天上学都要早起20分钟，对一个很爱睡觉的青少年来说，这是一个很重大的妥协。苏珊娜自己制作首饰，然后卖掉。两人还一起做育儿保姆。她俩的朋友里面，有一个为生日派对或周年会提供视频剪辑服务，另一个在周末做唱片节目主持人，其余的很多人都在做家庭教师。

反对三：

"在我们还小的时候做救生员是没问题，但现在臭氧层这么稀薄，这太危险了。"

"我不能让她晚上经过商场的停车场去取车。"

"我不能让她在快餐店工作，因为她很可能会遭受伤害！"

这类担忧让我想起那些不让孩子独自出门去见隔着三幢房子距离的朋友的家长。危险是家长在禁止孩子做某件事时找的借口，他们真正担心的是这也许会让自己失去对孩子生活的控制。家长尤其害怕将孩子交给不认识的人。自孩子出生后，活动场所、医生、学校、玩伴、辅导员——家长都要仔细挑选。

我们排除了任何一个潜在的不良影响。孩子有可能在我们为他们创造的世界中快乐成长，但他们同时也被隔绝在这个越来越小的世界里了。高校食堂就根据不同的群体做了特别明显的分隔：预科生、戏剧生、玩滑板的学生、哥特小子、独立的孩子以及啦啦队。

一份工作本身具有综合性质。工作中的人际关系并没有学校那样具有竞争性，在工作中，孩子可能和坐在食堂另外一边、彼此相距很远的人大吵，也可能遇见比家里的成年人更庸俗、更直接、更现实或更加疯狂的人。对于温室中的花朵（青少年）而言，不断地与外界、与新的人交流是一件健康且令人振奋的事情。

反对四：

"我的孩子觉得自己承担了过多的压力和责任。你不是一直都在建议家长不要给孩子施加太大压力吗？"

在青少年的生活里，各种人为制造的责任无处不在，例如：取得好成绩、成为这个的第一名、成为那个之星，等等。青少年总是觉得自己在未来的每一刻都濒临险境，但事实并非如此。

一份工作能够让孩子了解现实生活中的责任。通过薪酬制工作，一个青少年可以从承担"三角学这门课要考到A"这种虚构的责任，慢慢转为"你要对泳池里游泳者的安全负责""今晚你要负责照顾这三个小朋友"或者"你必须确保晚上交接班的时候，收银台里的现金可以拿出来"。如果一个青少年是值得信赖的，他就可以承担更多的责任。当一个青少年能承担"关键责任"，比如，珠宝店或者脆饼店的老板将大门钥匙交到他手中，让他大早上去开门——这就是一个值得骄傲的时刻。

当一个青少年的技能并不符合社会所认可的关于学术、体育运动、

第 4 章 责任之福：作业、家务和工作的真正价值

音乐、戏剧、学生会等这类和成功有关的标准时，工作可能是帮助他重塑信心的另一条路径。

我想到了娜塔莉，她 15 岁时过得异常艰难：因为天性暴躁易怒，娜塔莉身边没有朋友；她经常与父母发生争吵；在篮球队中，她常因成绩太烂而只能坐在椅子上，无法上场。但是，当她开始为一个动物救助小组工作时，她感觉自己好像找到了人生的意义。

她为小狗匹配可以收养它们的家庭。在这一职位上，娜塔莉表现出了超出常人的成熟度。在工作中，孩子们都非常喜欢娜塔莉。雇主不关注她的学业能力测验成绩，所以娜塔莉得到了解放，发现了自己所具备的很多令人惊讶的天赋：组织能力、销售能力、管理能力、解决问题的能力和主动性。

这并非巧合，这些能力正是未来雇主最看重的。雇主很可能会根据毕业生简历招人，但他们基本上会根据实践技能来提拔员工。

每日的工作都是一份礼物

在孩子还小的时候，家长必须为他们做很多事情。无论一个晚上要换多少次床单，孩子急性腹痛有多严重，家长都要尽责。经过多年的实践，保护、修理、修补以及修复的习惯已经变成了一种条件反射。对于家长来说，他们很难知道什么时候该怎样去停止或放慢脚步。

但是，当孩子逐渐长大而家长依然不去彻底转变这种冲动，不让孩子去学习基本的生活技能时，孩子不可能自立自强。这样的过度保护，就像是人工饲养一只小鸟，在它不断长大的过程中给它很好的营

养,却没教会它独立捕食一样。

作为家长,你要用"每日的工作是人生的一份礼物"的理念教育孩子,鼓励他们多去培养能够开发自身潜力的技能,以适应从孩子、学生到家长和社会人的身份。

第 5 章

自制之福：
引导青少年的"恶的冲动"

一个富有同情心的家长应该鼓励孩子不要以自我为中心，要学会依靠自身的力量而不是物质上的放纵来解决问题。

16岁的本上了一门电子吉他在线教学课程，他的朋友卢卡斯也教了他三个和弦，因此本认为自己是一个认真学习乐器的学生。他在晚上间歇性地练习，邻居们对此怨声载道。但本毫不在意，还一直劝说父母帮他买一个全新的吉他，来替换哥哥罗比不用的旧吉他。他是这样说的：

"罗比的老式雅马哈吉他音质也太差了吧。如果你们和我一起去吉他中心的话，就能听到芬德牌吉他的声音有多美妙。"

"我们称他为'太阳王'。"本的父母这样评价自己的孩子。"我们怎么会生出这样一个认为地球都应该围着他转的孩子呢？我们该怎么去教育他，让他别只是把我们当成他个人的家政服务员或自动取款机。"

事实上，这是很常见的问题。虽然本的父母需要不断引导他摆脱自恋，但他们也不必慌张。就青少年而言，有着对权力的夸张化的感觉是很正常的，这是他们走向成年的必经之路。

第5章 自制之福：引导青少年的"恶的冲动"

你是一个正常的自恋者

以下是美国精神病学协会对自恋型人格障碍的定义：

1. 具有强烈的自负感。
2. 沉迷于无穷无尽的成功、权力、才华、美貌或理想爱情的幻想。
3. 相信自己是独特的，并且只能被独特的人所理解。
4. 要求强烈的赞美。
5. 具有很强的权力欲望。
6. 利用他人以达到自己的目的。
7. 没有同情心。
8. 善妒并且认为其他人都在嫉妒自己。
9. 有傲慢的态度或者言行举止。

这看上去像不像你认识的某个人？很可能是与你生活在同一屋檐下的人。这些思想、感觉和行为在某个阶段是病态的，但在另一个生活阶段又是很正常的现象。就像好动的行为对于许多男孩子来说是正常的，或者是一味地沉迷于过去对成年人而言有时候是一种抑郁的症状，对老年人而言又是一种很典型的行为那样，自恋的行为对大多数青少年来说也是再普通不过。

自恋状态中最让人恼火的地方是：自恋的人始终坚信自己天生有

享受商品或服务的权利,即使这会损害到其他人的利益。就像本一样,大多数青少年认为,为了不断学习、成长和进步,家长必须不惜一切代价满足自己的欲望。

从发展的角度来看,这种持续性的"以自我为中心"的观点对于青少年来说是非常有用的,因为这是一种能够让他们在成年人世界中不断扩大影响力的手段。还记得你的孩子只是一个无助的小婴儿的时期吗?孩子的哭声刺耳又让人心生厌烦,以至于家长不得不想尽各种办法对孩子体贴周到,以减轻痛苦——他是不是又饿啦?这个房间这么暖和,他还会感到冷吗?尿布的绳子是不是勒到他的皮肤了?

青少年也会利用相同的计策。他们并不无助,但又没有命令成年人的权利。青少年不能驾车,没有投票权,也没有很大的购买力,所以他们用尽各种理由一直缠着家长。他们迫不及待地表达自己的急切需求:如果家长拒绝开车送他们去朋友家,他们会感到非常难过;特别渴望得到一件新的连帽衫;相信如果家长不熬夜帮助他们的话,他们的历史作业将会一团糟。家长也许会为了得到片刻的安静而最终答应他们的要求。

但是,当孩子提出各种无礼要求和传达一种强烈的绝望感时,家长的任务是让事情变得简单化。育儿的一大乐趣在于给孩子提供一些额外的东西——那些并不是必需品却能给孩子带来欢乐,让他们在多变的世界中感到安全的礼物和福利。但如果家长一听到孩子提出需求就立刻跳起来开始做准备,孩子很有可能发展为像心理学家杰罗姆·卡根所说的"欲望过分满足",这是一种亟须他人来满足自己过多欲望的状态。一个贪得无厌的小孩会表现得像一个婴儿或是恶人,但他的态度其实源于一种无能感。一个被娇惯着养大的孩子会认为他必

第 5 章　自制之福：引导青少年的"恶的冲动"

须依赖别人来满足自己，只因为不相信自己具备解决问题的能力。

一个富有同情心的家长在鼓励孩子不要以自我为中心，要学会依靠自身的力量而不是物质上的放纵来解决问题的时候，该如何接受孩子的自恋型人格呢？犹太人对于"恶的冲动"的观点能够为那些因孩子的贪婪而感到困惑的家长提供有用的指导。

关于"恶的冲动"

每次在犹太新年的时候，我们总会收到这样的提醒：不要过分关注我们所没有的，不要一味忽略现已拥有的祝福。这是很明智的建议。但是在实际生活中，家长要如何教导孩子学会感恩呢？对于那些把相机遗漏在公交车上转而又要求家长买一台全新相机的孩子，或是那些认为家长有义务去拿他们落在朋友家的针织衫并且一定要在训练开始前送到他们手里的孩子来说，家长该怎么回应呢？

在《放下孩子》一书中，我阐释过犹太传统关于人性的观点，这一观点非常与众不同。古代拉比认为每个人心中都藏有一种"恶的冲动"。尽管这种"恶的冲动"可能导致贪婪、自私以及暴力的产生，但它同时也是能量的来源。拉比非常崇敬这种力量，甚至称其为"好运"。

犹太律法集《塔木德》中有一个故事说明了"恶的冲动"的巨大力量。国民大会的成员希望消除由"恶的冲动"所造成的所有痛苦，于是将它抓住并关了起来。"恶的冲动"在监牢里大声呼喊："如果你们杀了我，世界就会毁灭！"大会成员并未理睬这一响亮而不合理的警告，但是不久后，他们发现了一个严峻的事实：在"恶的冲动"被关押期间，他们搜遍了整个大陆却始终找不到一个新生命。希伯来语中，"冲动"（yetzer）一词与"创造"（yetzira）同源。没有恶的冲动，也就没有新生命的诞生，更不会有激情、野心、创造力或想象力，最终，这个世界也将没有婚姻、孩子以及忙碌的城市。

当青少年要买更多的衣服、设备和"仅此一次"的最爱时，家长会因为孩子的自私而感到非常生气。或者，这时你也可以停下来，惊叹于"恶的冲动"那巨大的威力。从这个角度来看，孩子的贪婪甚至是对你不喜欢的东西产生的强烈渴望，都是对生活本身的一种欲望。

对于整日忙碌的成年人来说，频繁的购物可能有两种原因：无聊的家务以及购物疗法。当然也有一些青少年将购物当成获得快感的源泉，以帮助他们逃离各种各样的麻烦。但是对大多数人来说，购物是一种愉快的自我表达方式。看看那群旧货店里的青少年，你会发现他们在购物时投入了多少的精力。

青少年喜欢在堆放着别人不要的衣物的货架上一件件地搜寻。在家长看来，这样的行为像是翻搅一大堆脏衣服，但青少年会觉得这样做好像淘金一样刺激。他们会时不时大叫："哦，我的天呐！快看这件夹克衫！它是纯羊毛的！"即使是商场首饰店那些"买一赠一"的物件（只是小卡片上的五对金属耳环而已），他们也会将其当成至宝。他们常去买一些奇奇怪怪、不实用或性感的东西，比如宽大或紧身的牛仔裤，来帮助自己自由地尝试新的身份。

同时，他们不停地购物只为了能融入现在的团体，牛仔裤、鞋子甚至是发带都要和朋友们保持风格的相似。他们购买东西也是为了在未来的某天能够穿着自己买的衣服去参加那些半正式场合、音乐会、

第 5 章 自制之福：引导青少年的"恶的冲动"

派对或者玩游戏的场合，这会让他们特别开心。这就是物质主义的"恶的冲动"所带来的满满的生命活力。

青少年的"恶的冲动"的消极面体现为：上述活力感太过于肤浅、任性，他们甚至对前一天喜欢的东西漠不关心，更不用说这一冲动对家庭经济预算造成的损害。这就是为什么我从不提倡家长鼓励孩子释放这种"恶的冲动"。这和把这种冲动关在笼子里一样，会产生反作用。

犹太人认为，当"恶的冲动"所带来的巨大能量和自我控制水平达到平衡时，我们就可以生活得非常好，这时我们不再仅仅像动物那样依靠满足自己的欲望而活着，也不必去模仿天使那种从不被世俗快乐所诱惑的生活状态。我们在出生时被赋予了自由的意愿，这种意愿允许我们去选择哪种欲望应该被满足，而哪种欲望应该得到升华。这种能力让我们为了达到某种目标而去延迟满足感，把他人的需求置于自我需求之上，又或是更加珍惜已经拥有的事物。

在充满活力和抑制情感之间保持平衡，是人们毕生的一个大挑战。但是在青春期，这显得尤其艰难，因为青春期是"恶的冲动"大肆出现的时期。家长该如何在尊重"恶的冲动"精神的同时，引导青少年更好地学会自我控制以及感恩呢？

家长不能期望孩子在得到第七条牛仔裤后就不再有其他欲望，但却可以教育孩子如何控制自己对喜欢的东西那种强烈的渴望，如何去珍惜自己已经拥有的东西，如何提前计划以免在最后一刻还是要依赖家长，以及如何对自己和不幸的人表达慷慨之情。

放手，才能强大
The Blessing of a B Minus

孩子自我克制的障碍

我曾接待过这样一个家庭：父母给女儿莉莉买了一辆白色宝马车作为生日惊喜。他们仔细挑选了颜色，想象着这一辆既安全又高雅的轿车停在自家门口是什么样的景象。然而，莉莉在生日当天的早晨，透过窗户看到一辆打着巨大蝴蝶结的新车停在外面后却开始抽泣，父母问她发生了什么，莉莉说道："我不想要那辆车，我要一辆蓝色的轿车。"

莉莉的父母对于她收到生日礼物后表现出的无礼反应感到非常震惊。他们为她买了一辆既坚固又漂亮的车，本是希望这辆车能够陪伴女儿走过高中和大学甚至更远。直到我让莉莉父母进一步告诉我莉莉的反应时，背后的故事才渐渐浮出水面。莉莉的妈妈告诉我：

"莉莉非常喜欢蓝色。在她很小的时候，其他小女孩都穿着粉色或紫色衣服时，莉莉就喜欢穿着蓝色的裙子参加派对。她在六七岁时说过，'我的眼睛是矢车菊，午夜的天空是靛蓝色的，泳池里的水是海蓝色的'。所以她一拿到驾照就和我们说她想要一辆蓝色的车。莉莉说过，只要是蓝色的车就行，哪怕是一辆二手的本田。"

说到这里，莉莉的母亲深吸了一口气，说："我想我终于明白为什么莉莉在收到生日礼物后会哭了。"

我们可以把莉莉的反应解读为一个被宠坏的青少年所做出的无礼行为，认为一辆全新的宝马车，无论它是什么颜色，都是大部分青少年梦寐以求的礼物。当然，我们也可以欣赏莉莉这种勇于表达自我的做法。正如莉莉母亲意识到的那样，莉莉对公布家里的物质财产并不感兴趣。

我曾经见识过这种家长与青少年之间的矛盾以各种形式展现出来：车、衣服、大学的选择。当家长不仅用买东西送礼来树立自己的形象，还以"我们是在教你要更看重质量的重要性"为借口隐藏真实的动机时，青少年又怎么能培养出成熟的自我控制意识呢？

家长在认为青少年的权利意识完全是他的个人问题前，要先好好花点时间反省一下自身习惯。你是否像莉莉的父母一样，给孩子买很贵重的礼物以此来向他人展现自家雄厚的经济实力，却又在孩子表达自己的真实想法后给他贴上"肤浅"的标签呢？又或者，你有没有走进过这种"家长—孩子—金钱"模式的迷宫呢？

1. 购买感情

曾经很爱你的孩子，现在要么极力疏远、少言寡语，要么变得让人不快又极度挑剔。当那条连接着家长和孩子的感情线变得越来越细时，家长更倾向于保护线，不让它断裂，而不是把线放得更长一些。也许你会为孩子购买很多商品或是服务，只因为你担心如果不这么做，那根维系感情的线就会轻易断裂。

2. 借用快乐

当我们变得越来越老时，我们喜欢从年轻人身上借用自尊心和虚荣心——让他们穿上好看的衣服，用昂贵的健身器材，生活过得既富足又多姿多彩。但是对青少年来说，被家长打造成洋娃娃，其实是很让人泄气的事情。

3. 过分同情

当青少年向家长抱怨"其他人都有那个"或是"其他人都报名参加了夏令营的体验"时,他们其实想说:获得这些东西能够帮助他们融入群体中。他们是正确的。青少年确实需要借助一些东西来获取一定的社会地位。有时,给青少年买名牌靴子或自行车是一种表达尊重和同情的方式。但是,你要小心,不能让孩子以为金钱可以买到朋友或者他们可以因为自己的社交需求而随意取用家庭的预算开支。

4. 过度奖励

一味重视结果而忽略过程,会让家长形成贿赂的习惯:只要你能考出好成绩,拿到优异的体育成就,取得让人羡慕的社会地位或者达到其他衡量成功的标准,我就给你买你想要的任何东西。这种物质奖励实际上事与愿违,甚至会降低孩子做事情的内在动力。这也等于在教孩子——"适度"并不是成功者的品质。

5. 消费心理

当习惯用购物来分散自己的不愉快时,家长们会发现愉悦的感觉很快就消失了,而失落感会导致更多更疯狂的购物行为。如果家长打算通过买更多的东西(更多的衣服、更多的电子设备、更多特别的旅行)来解决孩子的问题,那家长可能正在将这种无法让人满意又绝对无效的解决对策教给孩子。

6. 道德优越

把孩子抚养成一个被宠坏的自私的青少年，会让家长感到痛苦、愤怒、受伤……还有道德上的优越。当家长的信心被打击后，这种优越感会为其提供各种各样的话题，例如："我进家门后，她的眼睛就没有离开过电脑，甚至连头都没有点……她还想要什么新鞋子，没门！"在家长和孩子的矛盾中，偶然生气或是狂躁都很正常。但要是家长发现自己竟然会歧视孩子，那么是时候停止争吵去寻找心理咨询师或医生了。

教孩子学会做预算

有一种方法可以有效地制住"恶的冲动"，那就是让孩子去承担生活中的额外支出。孩子可以自己去赚零花钱，这一点我在第4章已经提到过。大部分家长会选择定期把零用钱交给年纪较大的孩子，其目的并不是为了孩子上大学而省钱，或是做慈善。虽然这些目标非常值得去做，但是一般情况下，这种预算分析对青少年来说太复杂了。零用钱也不是做家务的报酬，家长最好是把家务当作认证家庭成员身份的基本任务。而给孩子零用钱的目的非常简单：教导青少年如何为自主决定的事情做预算。

那么零用钱又包括哪些方面？我喜欢让孩子去负责那些需要定期

支出的开销，比如天然气费用、音乐传媒支出、与朋友外出聚餐等，这些都是常见的例子。零用钱可以有效减少家长与孩子之间的摩擦。如果你经常因为这些话题与孩子发生争吵——像是"你怎么会有脸说自己还想再买一双匡威的高帮鞋？"或者"你真的希望我花22美元去给你买一只唇膏？"——那么，不妨将一些非必需的衣橱用品以及化妆品列到一张清单上。对于那些有能力掌管小额金钱的青少年，家长可以尝试把购买大件用品所需的钱也交到他们手中，比如乐器、体育器械、手机话费、基本服装费以及剪头发的费用。

一份零用钱或一份兼职应该可以减少家长与孩子就金钱而产生的许多摩擦。当孩子要求买一件他想要的东西时，你完全可以提醒他自己负责，毕竟他是要自己掏钱的。

不要过度满足孩子

"恶的冲动"特别费钱，再多的钱也不能阻止孩子乞求你再给他买又贵又不必需甚至是已经买过的东西。面对这些要求，家长应该怎样给出完美的回答呢？在常见的回答中，很多都是大家在使用却没什么效果的用词。这些用词你可能在小时候也听到过：

"你觉得我是用钱做的吗？"

"柜子上面至少放了一打你从来没用过的包。为什么你总是不断买新的？你能不能对已经拥有的东西心存感激？"

"你有为别人考虑过吗？"

第5章 自制之福：引导青少年的"恶的冲动"

这些话你之前听过吗？记住，那是你在与"恶的冲动"对话，它的目的就是渴望地位以及亮闪闪的东西。它不会听取你的理由，而且在受到攻击时会猛烈反抗。你应该学会与"恶的冲动"融洽相处而不是针锋相对，这样才会做得更好。所以，试着去理解孩子想要买新包的渴望，但不要立刻买给孩子。

家长：我已经听到了。我知道你是真的想买一个新包，之前那个确实看上去有点旧了。我们一起想一下怎么给你买一个。

孩子（讽刺地说）：好的，让我想想……你能去商店帮我买一个嘛？

家长：我可以等到你生日的时候再去买，如果你想早点得到，那你可以去罗斯或柯文家问问看她们需不需要临时保姆，用自己赚的钱买或者用爷爷奶奶给你的生日红包去买。如果你愿意出一半的钱，或者包的价格合适的话，那我很愿意出另一半。

孩子：这不公平！所有人都有很好的包。曼迪有两个贝齐·约翰逊的手包，伊莎贝拉有一个蔻驰的新手镯，汉娜有三个马克·雅各布的包，三个！我在她们的衣橱里面看到了。我现在却不得不用这种垃圾货，真是太丢人了。

这时候，你的孩子也许会迈着重重的步子离开，但冷静下来后很快就会回来。她的怒气会减少，但要求却照旧。

放手，才能强大
The Blessing of a B Minus

孩子：我打电话给柯文了，周六晚上做临时保姆的话，要从 6 点一直坚持到 11 点，有时甚至会更晚！他们让我周三放学后也去一趟，帮助塔利亚完成作业。我原本计划用生日红包去听一场音乐会，但我上网查了一下，票价只要 20 美元，所以我还有 30 美元的剩余。我发现了一款粉色丝绒小包，加上包装和运费，只要 80 美元！妈妈，如果你能出剩下的 20 美元，我会非常高兴的！

这时候，大多数家长很有可能直接破坏这场谈判，说：

"我上个月刚给你买过新包。包有什么问题吗？"

"粉色丝绒，你不觉得那个很容易脏吗？那个闪闪发光的标志就盖在脏兮兮的面上？"

"小包？能放得下你的那堆垃圾吗？"

请不要说这些话。回想两件事：一、你的女儿渴望得到那个丝绒包并不是因为它价格合理或实用，只是因为她喜欢——没错，这仅仅是一次娱乐性质的购买，但她愿意为了这个包去工作，还愿意拿出自己的钱。二、你已经答应出一半的钱帮她买包，除了 20 美元之外，这笔交易并没有任何的损失。考虑到你既遵守了承诺又尊重了孩子的选择，这无疑是一次划算的投资。

并不是孩子的每个要求都应该得到家长的资金赞助。但是，比起你一直说"不，你已经有一个包了。别说这种没意义的话，让我一个人安静地待会儿！"或者"宝贝，你自己去选吧"，深思熟虑后去解决问题显得更有意义。

通过让孩子承担主要的购买责任，家长能教给孩子比虔诚的感恩演说更有效的道理。用这种合议的方式（"如果你愿意花自己的钱，那我们可以一起想办法帮你买这个包。"），家长可以给孩子创造更多的学习机会。一旦要求孩子自己出钱，孩子也许会发现自己对包的渴望很快就消失了。或者，当这种渴望始终都存在甚至越发强烈时，孩子可能会发现将"恶的冲动"转化为一种既定目标所获得的满足感更甚。

最后，再多说几句与青少年做交易的事情。你会发现在上述对话中，家长忽视了青少年的那些无礼回应。你没法强制孩子变得亲切，但是可以通过自己的言行向孩子表达——亲切是一件很重要的事情。如果孩子越界了，比如出现下面这种情况：

> 我觉得你好像得了老年痴呆。上个星期你还和我说会给我买一个新的包，但现在什么都没有。我一点儿也不愿意花和你一样多的钱。你之前答应过我要什么就会有什么，但是你现在又故意忘记。你就是故意忘记那些对我来说很重要的事情。这不仅是包的问题，而是你对我最基本的尊重与理解。你一点儿都不关心我到底需要什么，你根本就不关心我。

千万不要讨论这些话题：老年痴呆，假定的"承诺"以及孩子所断言的"缺乏爱"。现在你应该暂停谈判，说："你想这样对我大喊大叫的话，我们就没有办法继续谈下去。既然目前无法达成一致，那我们不用谈了，以后再说吧。"如果你的孩子用一种更尊重他人的方式谈起这些话题，那时候你们再重新开始。

消除媒体和广告的影响

　　管理青少年物质主义倾向的方法非常直接：青少年想要一件东西时，家长提供一部分的预算，然后要求青少年用自己的钱支付余额。但是，其中还有另一股力量在起作用。媒体和广告就像是富裕且不请自来的第三个家长一样，来到你孩子的世界，而青少年很容易中计。

　　广告商每年花费数十亿美元直接向青少年销售产品，他们不可能浪费自己的钱。在研究青少年的认知和情绪发展方面，代理商比任何一所大学心理学系所花费的精力都多。他们的研究方法非常复杂，但目标却很简单：制造或者夸大某个问题（例如，粉刺、头发没有光泽、中等社会地位等），同时提供一个简单的解决办法（粉刺霜、本草洗发露、性感的衣服等）。

　　由于自身经验的缺乏以及理想主义倾向（"没错，如果我有了这件东西，就会变得不一样。"），青少年很容易成为这些代理商的目标。对家长来说，这些广告无处不在，以至于他们没有办法阻止青少年免受情绪化操纵的影响。

　　消费信息如影随形般跟着青少年，除了电视上能看到外，互联网上也无处不在。在社交媒体上将自己认证为女性，脂肪克星和牙齿美白的广告就会跳出来；将自己认证为男性，醒酒器和在线游戏的广告就会不断出现。青少年在上学的路上能看到很多广告牌；看完电影后也能看到很多广告；超市里打折销售的商品也在做广告。

即使在学校,青少年也不可能免受广告的干扰,因为各种公司的标志会出现在计分板、体育器材或书皮上。由公司赞助的学校研究班上,比如自尊心课程,青少年也能收到粉刺霜和除臭剂之类的大礼包,并且受到接二连三的诱惑。

如果家长不给孩子提供一些销售心理学方面的课程,就没有人会这么做了。不过,你只要指点一下即可。如果家长贬低孩子对太阳镜或紧身牛仔裤的渴望,那家长就没有以更好的价值观去教育自己的孩子,而只是在表明自己已经忘记15岁的时光有多可怕——那时你发现自己四肢比例很不协调,鼻子对于整张脸来说太大了,希望有一款合适的产品能够帮助改变这种不和谐的构造。

如果家长对广告中消极的一面发表长篇大论,青少年只会将你当成一个扫兴的人而对你不屑一顾。因为实际上很多在售产品在孩子的眼中都是有用和有趣的,他们甚至会觉得,一些电视广告比电视节目更有娱乐性。

一个更有效的方法是:家长将自己打造成与全世界消费者(你的孩子)同乐的跟随者。分享你对有才能的艺人、制作精良的电视剧和商品广告的喜爱之情。和孩子一起看一部租来的喜剧,并且称赞:"扎克·加利费安纳基斯真棒啊!"当你的女儿照着她最喜爱的杂志上刊登的广告买了裙子回家时,你要及时表达赞美:"这条裙子太好看了!"

然后,家长要逐渐教会孩子辨识广告所使用的伎俩。不要说教,也不要表现得愤愤不平或扬扬得意,而要像一个大侦探在传授交易的秘密那样慢慢谈论这一话题——教你的孩子用智力和意志去摆脱物欲的精神控制;教他们商场在展出T恤及考虑颜色时的心思;观看最新版青少年吸血鬼爱情故事,和他们一起讨论商品品牌是如何使用"脚本集成"的手段来推动情节发展的（注意下吸血鬼有多频繁地查看自己的智能手机）；建议孩子数一数一部电影中有多少辆沃尔沃汽车，然后解释品牌商花了多少钱才在电影中植入了汽车广告。

切记，不要过于频繁地提到这个话题，否则孩子很快会对你的自说自话失去兴趣。随着孩子逐渐长大以及这些话题越来越深入，孩子的反应能力与选择能力自然会变得更加成熟。

当孩子破坏和丢失东西时

几乎每个家长都经历过下面这类场景：

妈妈正准备穿衣出门，却发现她最喜欢的毛衣不见了。当在女儿房间的抽屉里发现毛衣被塞在了最里面时，妈妈感到非常愤怒。"你拿了我的毛衣？"妈妈问道，"你已经有这么多漂亮的毛衣了，比我的多很多，为什么不去穿你自己的？"

女儿回应道："事实上，我没有一件拿得出手的毛衣，一件都没有。"

一次彻底的检查，揭开了女儿毛衣的状况和下落：为了舞会上有得穿，女儿把毛衣 A 带去营地，可是她穿着它去了篝火晚会，还不小心粘上了棉花糖。她想在营地的洗衣房把毛衣洗干净，结果却弄坏了它。她把毛衣 B 和毛衣 C 借给了朋友奥利维亚，而奥利维亚又借给了玛雅。毛衣 D 则完全不知道去哪里了。还有,毛衣 E 脏了,毛衣 F 缩水了。事实上,女儿的房间里确实没有一件能穿的毛衣。

家长最常发的牢骚就是青少年不懂得爱惜自己的东西。孩子很高兴地将自己喜欢的东西从商场买回来,但是一买回来就开始不好好珍惜了。明智的家长应该知道,这样的问题太常见了,所以每天家里都会因为这些事情发生各种各样的争吵。你不妨试试这一种极端的做法:一旦给孩子买了东西,或者孩子用自己的钱买下来,那这个东西就完全属于孩子自己。

如果家长对孩子常常不珍惜自己的东西而感到沮丧的话,请先反问自己:有没有教会孩子正确保养物品的知识以及相关的训练?青少年可以凭借在新生班学到的数论或精确的社会等级知识让你一头雾水,但是他们可能从来没学过将毛球从毛衣上梳理下来,或者不知道运动服长期扔在沾着汗的衣服堆里会发霉变臭……现在就是教会他们这些知识的时候!尽管他们有时对你解释如何手洗、如何弄干外套又不会使其缩水这些事情感到不耐烦,但你所做的不仅是在帮他们建立常识库,更是在教会他们掌握重要的生活技能。

如果你发现已经教过孩子如何爱护自己的东西而他们依然不好好珍惜,那你得意识到:青少年的想法真的非常多。保养自己的、即使是最爱的东西,不会是他们的首要想法。青少年也不够成熟,他们不会去思考明天、下周甚至下个月会发生的事情。家长需要对青少年做出一点善意的提醒,告知他们的行为可能导致什么后果,比如:"劳伦,如果你一直把自行车停在外面,我很担心它会被偷。"

但是家长要注意,你的警告不能过度。记住,那是孩子自己的东西，并不是你的。如果孩子把新的黑色外套借给朋友，那也是他自己的事情。尽管青少年有时对家长表现得很自私，但他们却会很慷慨地把东西借给朋友。无论那样东西有多便宜还是多贵，关于东西本身和相应的结果都是他们自己要承担的事情。家长不要去说教或责骂，然后再勉强给他们买一件新的替代品。如果你这么做了，孩子会认为生活就像一场戏剧，其他人都在准备着，等待随时修理或更换他们弄坏的道具。但如果家长让孩子去犯错并且自己承担后果，那现实会成为他们最好的老师。他们最终会在"恶的冲动"与富有远见且认知成熟的习惯、对细节的注意以及良好的计划中找到平衡。

要鼓励青少年自己解决问题，并忍受那些奇怪的解决方案。如果你儿子想出一个靠售卖折纸鸟来买新车的计划，那非常好。如果他想让朋友在自家的车库修车，那也很不错。家长可以在一边提供建议或协助，但是千万不要轻易剥夺孩子发展智谋的机会。如果你的孩子习惯弄丢或者弄坏自己的东西，那就让他知道，你将来给他买东西时，会将他的粗心大意考虑在内。如果他拿了你的东西却没有好好对待，那他就永远失去了从你这边借东西的特权。

父母要拒绝当免费劳动力

"妈妈，周六晚上我需要你开车带我去参加阿丽莎组织的派对，把我送到她家门口，行吗？你不用留下来，只要在11点的时候来接我就行。"

"好吧，我知道我应该早点想到这一点，但是我需要在明天上课前装订好地质学笔记。我给松树街的复印店打了一个电话，他们说可以加收 15 美元帮我加急赶制。松树街就在你上完芭蕾舞课程后回来的那条路上，对吗？你去的时候帮我带过去，回来的时候再帮我拿一下行吗？我过后还你钱。"

青少年的"恶的冲动"会促使他对家长提出许多非常紧急、不可抗拒、修饰到位却又很让人厌恶的要求。家长会发现自己很难拒绝，只能服从："地质学笔记，这一定很重要！好的，一定是这样，我必须帮她。"对于家长来说，什么时候应该为孩子提供帮助，什么时候应该大声拒绝，这是一个很大的难题。那些不懂得见好就收的青少年，很容易变得焦躁以及贪得无厌。在不依赖别人的情况下，他们不懂得如何提前制定计划和实现目标。

我建议家长用对待孩子买东西的方式去对待孩子提出的要求。如果孩子的要求提得合理，那就满足他；如果是一个很罕见的问题，那就把它当成是帮助年轻人的机会。但是，如果孩子提出的是一个令你很有负担的要求，或是由于他持续拖延和懒惰造成的，那就尝试用另一种解决办法。这可能意味着，让孩子自己去承担没有制定好计划的后果，例如因为晚去拿地质学笔记而被扣分、让她自己付钱等。

如果你的孩子长期对你提出极为苛刻的要求，那作为家长，你应该先调整好态度，这样才能减少这类事件的发生。家长总是试图通过询问孩子最喜欢的话题、碰到的麻烦来加强与自私的孩子之间的联系，但是，一定不要让他把自己当成一直需要父母帮助的小孩。

一起来看下面这段对话：

放手，才能强大
The Blessing of a B Minus

　　妈妈：嗨，宝贝。今天过得怎么样？你早上看上去好像很疲倦。让我们今晚准时上床睡觉。你在空闲时间写完少年军人的报告了吗？噢，你的脚怎么了？老师在体育课上有没有让你静坐休息？

　　儿子：事实上我感觉不太好。我觉得很累，脚也很痛。但是如果你能去图书馆帮我找一些报告要用的资料，等你回来时，我可能会好一点。

我们拿上面这段对话与接下来这段做个对比：

　　妈妈：嗨，利亚姆。看到你我简直太开心了。今天一天我过得太艰难了。我们为来自斯坦福办公室的新人制定了目标和方向。我想他们应该慢慢产生家的感觉了。你怎么样？今天过得如何？你的少年军人报告有进展吗？

　　儿子：嗯……（他正在考虑让妈妈送他去学校图书馆，但他刚刚知道妈妈这一天过得很累）报告……嗯……没什么问题，不过我还没完成。我们明天能早点离开学校吗？我需要一份最新的非网络来源资料，我要去图书馆查一下。

　　注意第二位母亲说话的语气和第一位母亲不同，第二段对话要更具互动性一些。这位母亲没有以"你觉得怎么样？"作为主导，而是概括了自己的一天和儿子的任务。这不仅显得很热情、很体贴，还可以让孩子不断关注外部世界而不总是以自我为中心。这种方式不会鼓励孩子去利用自己的父母。

作为家长,我们可以在表现得友好的同时,充满信心地做到不让孩子提要求提个没完。

消除孩子的自我中心意识

社区服务能够帮助孩子有效消除以自我为中心的意识。当青少年为他人服务时,他们的关注点会从自己身上转移到其他人的需求上,比如:一个不能阅读的孩子,或者一个需要别人帮忙下载孙子照片的老年人。当青少年在做挖掘、拔草、冲洗、种植、敲击、拖地、做饭、读书、唱歌或建筑类工作时,他们获得了一个逃离自己的机会:摆脱过度思考、自我关注以及自我怀疑。这是一种放松。

大部分学校要求学生做社区服务才能毕业,因此对家长来说,真正的问题不在于是否让孩子义务劳动,而是孩子应该选择哪种工作。这里有一些可以帮助孩子"去中心化"的义务劳动的选择方法。

1. 避免肤浅的"服务姿态"

我在前文中提过,大学招生办工作人员已经识破那些去非洲或者其他国家的劳动旅行,这些活动更像是有陪护的文化之旅。离家更近的地方也有类似的虚假劳动,所以要格外注意。

在一所高中,学生只要带来一部二手手机就能拿到社区服务的学分。这的确是有价值的贡献,但并不太需要付出多少努力。在其他地方，学生报名给未婚妈妈的房子刷墙。在到达之前，他们就已经吃过三明治和饼干了。没人要求他们用胶带把饰条、天花板或者窗框遮起来，相反，他们只是用宽刷子在墙上漫不经心地刷了几道而已。一整个下午，他们都在聊天，讨论八卦。校车开走后，一组专业人员到达现场开始做真正的刷墙工作。最终，整个工作都是肤浅的，因为它只是为了完成学生的社区服务要求，只是为了一下午的愉快，而不是真正为他人服务或者奉献。

2. 鼓励"一对一"服务

最有价值的志愿者服务工作包括建立长期的人际关系。我和我的同事都知道，在做心理疗法的诸多乐趣中，最有意思的是在治疗期间从自我中心意识里跳脱出来。诊疗时间的规律，患者对你的信赖，以及关注他人需求的机会，都在一段简短又紧张的时间内以一种非常专注的方式对外表达。

当一个青少年一次又一次为同一个人提供帮助和服务时，他就像一名心理医生一样，首先要学会如何用他人的语言说话。比如，经过反复试验，弄清楚其他人的交流风格以及如何与他们交流——词汇、习惯、语速和节拍。这些对青少年来说都是新鲜事物。一旦新的人际关系得以建立，这个孩子会非常珍惜彼此的约定，了解他的患者非常期待由他来提供帮助或是陪伴。

当你的孩子听到正在辅导的小朋友说自己的哥哥被送去了伊拉克，或是他探望的长辈终于学会如何发送邮件或照片附件时，你的孩子已经远离他自己关注的狭窄圈子。最近收到的短信到底是什么意思，对

第 5 章　自制之福：引导青少年的"恶的冲动"

即将到来的历史期末考试的担心，暂时都不会成为他首先考虑的事情。在短时间内，他学会了不再以自我为中心。

当然，并不是每个孩子都有时间这样做。时间短又吸引人的服务项目也有，像是收集老旧的自行车，把它们修好，然后送到男孩俱乐部。你会听到孩子说："妈妈，我今天帮助了一些小朋友。当他们看到自行车的时候，有些孩子都哭了。"这些都非常有意义。

3. 让孩子远离舒适区

对那些你不大熟悉的工作说"好"，这一举动可以消减偏见以及负面的猜想：

> 我第一次去养老院时，非常讨厌里面的味道，以及僵坐在椅子上的那些人。后来我认识了艾尔，我们聊起他看过的第一场大乐队音乐会，这次的聊天相当棒。还有一位手臂上有一个数字文身的女士，她告诉我们她的妹妹在 6 岁时就和一批小孩被人从德国送到了英国。

4. 让他们变脏

许多社区服务都是缺少技术含量、粗犷却又有益健康的。经过一天在院子里松土，或者采西葫芦、建造简易棚，或是清扫一英里长的沙滩后，孩子会觉得自己作出了真正的贡献。在"更脏"的社区服务中，青少年学到了什么？他们学到了比想象中更多的知识，发现外面的世界比自己之前所了解的还要更广阔和有趣,而那些看上去超出自己能力范围的危险工作,其实自己也能做。

5. 与其他孩子一起义务劳动

以家庭形式参加义务劳动就是心理学家所说的"最大化"效益。这是一个很不错的想法,但因为数量庞大且特别麻烦,所以从来没有成功过。青少年喜欢做那些有特定对象(例如:一个电动工具、污垢、一位新邻居)或者有特殊感情(例如:一边刷操场一边唱歌、温和地照看小动物)的义务劳动。当家长站在一边时,孩子的兴奋感会被冲淡,同时他们也会潜意识地压制爱与温情的表达。

家长适度的自恋主义

过去有一个糟糕的笑话:

问:拧紧一个灯泡需要多少妈妈?
答:一个也不要,我很好。我就坐在黑暗中!

"代你的孩子去牺牲"是这个笑话的中心含义,但有效的育儿方式并不包括忽略家长本身。孩子的衣服崭新又亮丽,而你的衣服是不是已经褪色过时?你是否天天接送孩子去参加体育锻炼,但却忽略了医生对你的叮嘱——每天至少锻炼30分钟?你是否在生病或感到筋疲力尽时仍然为孩子做了大量的家务？

如果你的家庭只是从"家长—孩子"这一个方向发展，那么是时候做出一些改变了。

1. 向孩子寻求帮助

对青少年来说，帮助家长可能并不是他们的本能，所以家长要教导他们如何做。

展示给孩子看如何为自己准备食物和饮料，然后向孩子解释为自己准备的同时也应该给父母准备一些。这可能像把苏打放进杯子里一样简单，也可能像准备一次丰盛的晚餐那样复杂。要求孩子帮助完成你的"作业"——在信封上写好地址，给橱柜换新的保护纸，或者从店里购买新的电池。生病时，让孩子充当保姆，给你带纸巾或者热茶。准备外出旅行时，即使你有力气搬行李，也要叫上孩子一起行动。

对家长来说，给孩子机会帮助你，远比展现自己充满活力更为重要。不要期望孩子一开始就非常有技巧或者充满热情地去做每一件事。但如果家长要求孩子帮助自己，即使孩子长时间处于荷尔蒙、情感以及疏离冷漠（青春期的各种问题）的迷雾中，他们最终还是能学会考虑他人的需求。

2. 将自己打扮得体

就给孩子花钱买衣服的同时从来不舍得给自己买这件事，很多家长都有很充分的理由:孩子生长发育迅速，因此一直都需要新的牛仔裤、鞋子以及外套；他们需要某些特定的东西来融入学校；他们需要穿上光滑闪亮的衣服去参加正式的舞会。对某些家长来说，他们习惯于给孩子买买买，却拒绝给自己添置新的东西，尤其是中年渐渐到来，商场试衣间里残酷的荧光灯和加长的镜子让人很难相信自己的真实形象，决定自己到底该穿什么样的衣服才好看。

可是，如果家长穿得破破烂烂，不收拾打扮，青少年又有什么理由变成一个真正的成年人呢？哲学家摩西·迈蒙尼德写道：学者不应该住在一个没有香水和商店的小镇。所以，给你自己小剂量的权力，以此教育孩子反对权力思想；拿出家庭预算中一小部分合理资金来改善自己的外貌，穿上新衣服，打扮得体。即使孩子的品位和你不一样，但他们看到你看上去显得特别高贵并且足以照顾好自己时，也会受到鼓舞。

帮助孩子寻得幸福感

欲望的持续满足是知足和感恩的死敌。一份 1999 年由艾尔弗雷德·P. 斯洛恩基金会关于青少年满足感的研究证实了这一观点。研究表明，青少年满足感的多少与家长的收入成反比。来自工人阶级的孩子表现出最高层次的幸福感，而来自中上层阶级的孩子则最缺乏幸福感。为什么呢？有特权的孩子缺少深层的渴望，自然也就缺少深度的满足感。

"有意义的渴望"这一哲学短语描述起来很容易，实践起来却很困难。一位母亲如何知道什么时候她的孩子会从有意义的缺失中获益，

第 5 章 自制之福：引导青少年的"恶的冲动"

而什么时候她需要采取更慷慨的办法，比如为孩子提供商品、跑腿以及解决问题？让我们一起看看一个高三学生人生中重要的一天：

> 现在是下午 3 点，拉娜该换衣服去参加毕业典礼了。但当她走近衣橱去拿那条和妈妈一起在"香蕉共和国"商店买的礼服裙时，她只看到了一条挂在衣杆上的迷你版裙子。很快她意识到发生了什么。上周，拉娜穿着这条新裙子去参加舞会。在毕业典礼前她只穿过这一次。她到家时已经很晚了，于是她把裙子脱在地板上，就睡下了。周三早晨，妈妈提醒她时间马上要到了，拉娜便把一大堆衣服扔进篮子里，然后匆匆忙忙赶去学校了。那条裙子和其他衣服混在一起洗，因此缩水了。拉娜只能选择其他的毕业礼服了吗？毕竟一条旧裙子，既不好看，也没什么特殊之处。

"妈妈 A"会怎么做？当拉娜穿着旧裙子下楼，解释这条裙子到底发生了什么情况后，妈妈 A 一点儿也没有提及拉娜好不好看，而是给了闷闷不乐的女儿一个大大的拥抱，然后说看到女儿顺利毕业，作为母亲，她感到非常自豪。但实际上她内心的想法是：

> 很明显，这个女孩还没有意识到在重大事情到来之前，她需要检查所有的东西……或是把重要的衣服挂起来而不是扔到地板上。显然，是时候让她自己去洗衣服了。我必须要求她去做临时保姆，这样她才能还上我给她买衣服的钱。然后还要把她的 iTunes 以及学校商店的账户都停掉，直到她能

证明自己有能力对所有东西负责。她对我们给她买的东西毫不在意，还总期望我们给她买新的。这是最后一次了，已经够了！

"妈妈 B"同样给了这位看上去很伤心的女儿一个拥抱。"没关系，妈妈。"女孩说道。接着，妈妈 B 打电话给当地所有的"香蕉共和国"商店，找到了一条尺寸合适的同款裙子，然后跑到这家不熟悉的商店去取裙子，礼貌地询问销售人员是否可以将裙子熨平并剪掉吊牌，而后快速离开商店，开车回去，及时让拉娜换上，坐上车去毕业典礼现场。拉娜非常感动，眼中充满泪水。

在这次的裙子事件中，并不存在唯一正确的回应。当你每天花大量时间教育孩子，培养她的各个方面包括性格时，没有一次偶然事件能够去衡量她的成熟度以及她是否被你们宠坏。通过评估你的孩子对商品、服务和救助所要求的持续时间、紧急程度以及频率，你可以决定什么时候成为家长 A、家长 B（或者家长 C、家长 D……）。

妈妈 A 在意女儿长期以来都缺乏责任感以及"给我买这个，给我买那个"的态度。对于这位母亲，毕业典礼的崩盘是压死骆驼的最后一根稻草。相反，妈妈 B 欣赏女儿勇于承担的态度。妈妈 B 认为：女儿并没有很多参加派对的裙子，她也从未抱怨为什么每次都穿同一件衣服去参加正式场合。这一次是毕业典礼啊，为什么不去帮助她呢？

想一想遇到这种情况，在一个重要的日子里，处于困境中的你会怎么做。做一次有关你自己愤怒变化的测试吧。去判断孩子的欲望是处于被过度满足的状态，还是处于一个正常青少年对物质渴望的限度之内？孩子在紧要时刻是否需要帮助，或者是否对他人的帮助充满感激之情？如果你从未做出像妈妈 B 那样疯狂冲进商店的类似举动，你的孩子可能会认为，你缺乏热情是因为她对你来说毫无价值。如果你总是跑进商场，那你并不是在帮她，而是用善良和关爱的名义毁灭她。

读到这里，家长可能会觉得很担忧："哦，不，我总是表现得像妈妈 B 一样，但我的孩子却像女儿 A！"发现错误是好事。青少年是通过不断尝试去学习的，家长也是如此。

总的来说，对于青少年而言，少即是多。家长可以用任何一种方式拒绝过度的权力。要知道，当面对局限时，创造力会得以绽放。一首十四行诗有十四行，一首俳句却只有三行。水被洒落时会失去压力，但当它被引向软管时却会彰显力量。或者想一想这则位于《纽约时报》上的卡通画：一位母亲看着正处于青春期的女儿，她坐在地上，旁边放着一把电吉他、一个已经织了一点儿的线球和钢针、一台电脑、两本书以及一个画架。标题是"也许你的创造力并不会产生许多结果，但是有了更多的压力，它就能从你的身上体现出来"。

家长只需要记住：为了能够与父母分离，去创造一个全新的自我，青少年需要变得自恋。再回过头看一下自恋型人格障碍定义的部分细节：强烈的自负感；对成功、权力、才能、美丽和理想爱情的幻想；相信自己独一无二。对于一个正处于不断发展中的青少年来说，只要不越界，这些都是美好的品质。

第 6 章

独立之福:
让孩子自主解决问题

家长应该仅在孩子需要的时候提供帮助;但大多数情况下,还是要退后一步,学会与孩子分离。

大学系主任用代号"茶杯"来比喻那些被过度保护、极度脆弱的大一新生。当碰上一个挑战时,"茶杯"们并没有迎难而上,而是彻底碎掉:

> 我的酒鬼室友每天晚上两点才和男朋友回到房间睡觉。我只能用枕头盖住脑袋,觉得自己委屈得想哭。
>
> 每天晚上我都从赛百味买三明治带回房间当晚餐,因为我觉得独自一人走去食堂会显得很滑稽。但是现在我却觉得,赛百味店里的工作人员一定认为我是一个可怜又奇怪的女孩。所以,我只能去学生商店里买一些拉面用微波炉热着吃,而午餐只吃一根营养棒。
>
> 我认为自己不应该去学第三册西班牙语。它太难学了。和教授说也没用,我就知道。
>
> 我想去《艺术杂志》工作,但是我第一次去那里开会的时候,却发现那里的学生并不是我喜欢的类型。我不想去了,

一个人待在宿舍里玩"细胞分裂"游戏也挺好。

当被要求面对陌生环境时,"茶杯"们只会吓得发呆,最终因为头疼、胃疼、失眠或者饮食失调而进医院。他们把自己与其他同学隔离开来,在课余时间小心翼翼地躲进宿舍里,或者用大量工作消耗自己。越来越多的大一新生在读完第一学期后就辍学回家,因为他们没办法适应大学生活。我认识的一个年轻人,在开学几天后打电话给她妈妈,抽泣道:"你快来接我,这里的浴室太恶心了,地砖的缝隙里面都发霉了。"在这个例子里,一间发霉的浴室,用漂白剂和水冲一下或者不理睬就能解决的问题,对她而言其实是一个危险的世界:在这个世界中,没有人能够确定她所处的环境是否干净整洁、安全无虞和受人保护。几个星期过后,她就回家了,再也没有回学校。

家长如何避免将自己的孩子置于这种危险的脆弱状态呢?如果家长想要教出一个懂得如何解决问题的孩子,那就一定要让他们有问题可解决。

只是,现在愿意让孩子面对各种问题和困难的家长越来越难找。更多情况下,家长会让孩子忙于参加有成年人在一旁监督的活动,因此孩子不大可能有机会独立解决问题,因为他们完全没有时间面对各种麻烦。如果凯拉的妈妈认为凯拉的男朋友对她不够好,那妈妈可能会给凯拉提建议,甚至会在镇上到处转悠,打算给她找个更好的人。如果杰克不敢在地理课上就自己不懂的地方举手向老师提问,杰克的父母就会在课后给他找一个友好的辅导老师来指导他学习。当阿丽拉在学校停车场又一次发生轻微车祸时,她的父母赔偿了双方车辆的损失,然后让饱受压力的女儿不用参加奶奶的生日会,赶快去泡个澡平复一下心情。科纳的父母不让他在晚上开车，因为谁知道外面会有什么样的疯子？

对于家长来说，让孩子面对青春期的各种尝试而不加以保护是一件非常残忍的事情。但是，让孩子认为自己太过于脆弱，以至于不可能学会如何控制自己的情绪、调解纠纷、忍受不熟悉的情况或者应付官僚主义，这也是不公平的。怎么才能在适当指引和克制之间达到平衡？

家长应该像指引者一样站在一旁，仅在孩子需要的时候提供帮助；但大多数情况下，还是要退后一步，学会与孩子分离。你等着看孩子是否能够在你介入前独自解决问题；让他自己承担在错误决定后出现的恶果；你要给孩子犯错的自由。

体验"有意义的痛苦"

如果家长想让孩子在离家前学会独立生活的技能并获得良好的判断力，就要让孩子经历"有意义的痛苦"。这意味着家长不应该再帮孩子解决各种青春期会遇到的糟心却又常见的问题。当家长问我："我应该怎么应付我女儿的同学，那些在历史课上出言不逊的坏女孩？生物老师给孩子布置了太多的作业，这该如何是好？教练把我儿子从校队中开除了，我该怎么办？我女儿一到期末考试就很紧张，我能做些什么？"通常情况下，我的回答是："什么都不要做，给问题一个自然发生的机会，也给你的孩子一个独立解决问题的机会。"

为什么这么说？因为孩子完全可能在大学里遇见一个肤浅、专横的室友,或者有一天他们会有一个暴躁、无知又无趣的教授或老板;因为作为一个成年人,不管是在学业上还是个人生活上,他们都会遇见各种各样的失望;因为我们想让孩子尽可能早地学习如何应对难相处的人和棘手的问题;因为到孩子离家的那一刻,我们想让孩子能够平静地面对各种情绪波动,比如:

> 当时我觉得很难过,但是现在,因为我和朋友谈了很久/去跑步/向老师诉说/睡了一觉/处理好舍友带男朋友过夜的问题/制定了一个能够提高足球水平的计划/去健康中心/完成了一些作业后,我发现自己感觉好多了,而且我的父母并没有介入其中。

当家长干预并阻止孩子去承受困境中的痛苦时,其实是在创造一种本能的反射:无论什么时候,只要孩子感到难过、困惑、沮丧或失望,他都会认为自己无法摆脱这种情绪。如果青少年始终缺乏认识自己的糟糕情绪和问题并学会解决它们的机会,那么他们在离家去上大学后就会搜寻各种快速有效的办法,让自己摆脱痛苦。这意味着他们可能用自我否认、酒精、毒品、性、令人惊讶的人际关系、疯狂工作或是每天给家里打电话的方式,来代替实际的问题解决方案。

当然,家长不可能轻易就让孩子独自面对困难。青少年表现得好像他们想要独立,但实际上他们很善于将窘境夸大为危机,这样一来,父母就会在一边保护他们,例如:

> "科菲尔德老师怎么能做到在他忘了提醒我们马上就要考

试后，还指望我们好好复习？如果你不帮我去和科菲尔德老师说的话，我就让马丁教练去和他说。不，我做不到在没课的时候学习！还有好多事情等着我去做，绝对没有时间。我要参加年刊会议，还要去语言实验室，而且我猜你应该是想让我吃午饭的，对吗？"

"妈妈，我只是无法接受迪伦和贝卡在一起了。我觉得我已经哭了两个小时，你不希望我眼睛红红的出门做临时保姆吧，这太尴尬了，而且我确定如果兰恩先生和兰恩太太提起来的话，我会想起现在生活中所发生的一切，然后我很可能在他们家门前的走廊上就开始哭。我需要待在卧室里，一个人静静。你能打电话给兰恩先生，告诉他我今晚不能去照看孩子吗？"

如果家长想成功克制住自己打算帮助、抚慰孩子的冲动，让那些自欺欺人、不切实际的青少年安然渡过难关的话，你得提前准备一些策略。

1. 耐心等待

青少年的问题会燃烧成熊熊烈火，然后又会很快熄灭。卡罗尔·艾略特是一名女校的初中老师，她告诉我很多妈妈都打电话来问一些女生之间的社交问题（"乔安娜对林赛与亚历山大对她做的事感到很崩溃！"）。卡罗尔说她已经学会了只听不做："往往等到我开始调查事情原委的时候,它都已经平息了。而女孩们通常回应道,'你到底在说什么?'"

如果家长在回应青少年问题时表现得非常焦虑——"那太可怕了!我一直以为瑞秋是一个值得相信的朋友呢!""辛格先生怎么敢把你安排到乐团的第三排?他明知道你是因为太过劳累才没有发挥好选段。"以上种种都表明,家长显然没有做好准备去迎接生活中的起起伏伏。家长的过度焦虑也会让孩子觉得他们无法处理自己的痛苦、困惑或糟糕的选择,以至于他们在将来也许会变得小心翼翼,不愿意向家长敞开心扉。

2. 给予适度的同情

虽然当孩子告诉你他有麻烦时,你不能像情绪音叉一样振动,但是一定要避免走入另一个极端——完全忽视孩子的感情,对他们不予理睬。当我询问两个19岁的孩子在他们14岁遇到伤心难过的事情时希望得到家长怎样的帮助,他们回答道:"一定别说'你并没有真的恋爱,你太年轻了'。"同样,我还要提醒家长不要说类似的话:"不要为了没有进校队闷闷不乐。校队对你来说并不是什么好的活动。现在立刻从房间出来,我来告诉你为什么我会这么说。"

相反,家长要表现出同情,同时避免被失望之情所影响,始终保持适度的好奇心和善心。你可以这样说:"噢!""哇哦!""哦!""我能听出来这麻烦让你非常难过!"或者"这件事看起来真让人困惑呀!"多去倾听孩子的心声,并且给他们机会表达和纾解心中的愤懑。如果孩子直接要求得到你的帮助,那你可以尝试用引导性的问题去回应，表明你相信他有调动资源的能力，比如："你想怎么去处理那件事？"或者"你计划做什么？你做了什么尝试？有效果吗？下一步做什么？"尽量让孩子自己去寻找这些问题的答案，自己解决眼前的困难。

如果孩子很明显正处于痛苦之中，但又不想与家长分享自己的难过，该怎么办呢？有些孩子，尤其是男孩，通常会用默默承受来回应失望。这种做法太痛苦了，比女孩大哭大闹更糟糕，以至于家长会迫切地感到他们需要做些什么防止孩子再次惨遭失望的打击。对这些保守的孩子，可以尝试采用不那么直接的方式。家长不能强迫孩子开口，但你可以为他准备食物，开车带他去某个地方，在他待的房间里做家务，或者提议一起出去打篮球，这样当他抛出一个话题时，你能立刻接上。然后，你们可以用对待爱说话的孩子的方式，给予他同情与信心。

3. 使挫折正常化

当局面稳定下来，孩子的情绪也没有那么激烈的时候，家长要让孩子知道他们所受的这些挫折都是正常的：告诉孩子，当事情没有按照想象中那样发展时，要怎么做，最终的结果又是如何。

大学管理者经常抱怨当青少年遇到一点小问题时，家长就会高度介入。孩子如果生病了，只要告诉教授或顾问，甚至只要去校医院看医生就可以，但他们看起来却并不能或者不愿去解决这些问题。这些管理者指出，在大学里，那些懂得如何与家长之外的人沟通的孩子，比那些光依靠家长的孩子要表现得更好。

告诉你的青少年，事实上成年人很喜欢帮助那些恭敬地提问同时又看上去很时尚的孩子。对于一些青少年来说，这意味着要在教练、一个朋友的父母或者其他人员中寻找一位导师。但因为孩子的世界一直都在围绕着学校转动，许多问题就在学校发生，所以这些问题通过直接与老师沟通就能够解决。

你的孩子也许觉得这种情况让人非常尴尬，于是他们会让家长通过找指导老师这一方法规避上面说到的尴尬场景。不过，完全依靠父母找来指导老师，和孩子自己找到老师商谈还是不一样的。孩子知道他们的私人指导会在每天下午四点半准时出现在家中，他不用在放学后鼓起勇气去问忙碌的老师关于家庭作业的事情，也不用再在课堂上举手问问题："韦伯女士，这个地方我不明白，你能再给我讲一遍吗？"

对于一个非常抵触与老师交谈的孩子，家长可以这样说："那些主动去看老师（我知道这很难）的学生做得更好，因为老师知道他们关心学习。"即使孩子完全拒绝向成年人寻求帮助，家长也要在孩子的思想山埋下种子。在大学待了一两年后，这颗种子就会开始发芽。

4. 对孩子解决问题的能力要有信心

当孩子遇到严重的问题时，家长会介入，因为家长就是这样过来的。家长知道怎样用最小的代价修复许多问题。但是，家长在行动之前，要允许孩子用自己的智慧给你带来惊喜。其实如果家长对青少年表现出足够的信心，关于那些用来麻烦家长的各种问题，孩子就可以自己解决。下面是一个典型的案例：

放手，才能强大
The Blessing of a B Minus

加布在拿到新车的两天后，打电话给他妈妈："我完全迷路了，汽车快要没油了，我完全不认识这个地方。"

加布的妈妈希拉说道："没事的，保持镇静。把车开到最近的十字交叉口，靠边停车，然后告诉我街道的名字。记得再三确认车门已经锁好。我们现在就开车去找你，你知道这辆车有多安全，就像装甲车一样。我会开车带你回家，同时你爸会想办法把车开到加油站，加满油。"

坐在车里，加布对妈妈说："我和你说过我需要一部带有导航的苹果手机！"希拉隔天就给加布买了一部手机。

希拉想到了最好的打算，但她在没有考虑加布当时是否可以自己解决问题的情况下，擅自介入了这场救助。下面是没有希拉的介入，事情正常发展的境况：

加布："妈妈，我完全迷路了，汽车快要没油了，周围也不熟悉，我特别害怕。"

希拉（深呼吸）："我不知道在驾校的时候，老师有没有教过你这些，如果汽车的油烧完了，那很容易损坏引擎。在回家前，你先去找加油站。"

加布（愤怒）："妈妈，我和你说过我需要导航！"

20分钟过后，加布开车回到家，油箱已经加满了。

妈妈："加布，见到你真是太棒了。所以我们在电话里聊完后，你是怎么去做的？"

加布:"我问了周围人加油站的位置。然后问了加油站的人林荫大道的方向,我记得车上有一张地图。"

教导青少年不断培养自己的生活技能和智慧,需要家长的信任和帮助才能够完成。在这里,信任意味着家长要尽心尽责地做自己的事,可以去建议或者帮助孩子,但是要适可而止。这还意味着,如果你的孩子并没有如你们所期望的那样把问题解决好,家长也不要将这种情况看成你教育技能的失败。要相信孩子能从经验中发掘有价值的教训,并把这些教训当作未来生活的指导。

5. 分清大事件和紧急事件

在第一次听到导航故事时,我认为希拉的种种表现都是基于她的认知——儿子正处于极度的危险之下。但实际上,加布是一个高大健壮的男孩,也并没有离开附近很远。那么家长如何分辨一个需要立即介入救援的真实危机和一个仅仅是感到有些不舒适的事件呢?

我建议家长将"紧急事件"的定义分为三种情况:当孩子流血流得很快的时候;当孩子发高烧的时候;或者出现骨折的情况。

人身危险,或者其紧急性,对于孩子的父母来说是一个分辨"紧急"与"一般"的良好指南。如果最明智的做法是拨打911的话,那家长就应该知道这已经到了真正紧急的时候——房子着火了?车祸?遇袭?还是酒精中毒?这时候家长需要立即介入,做各种必要的事情,并且要毫不犹豫地打电话寻求帮助。

要让孩子清楚地知道,如果事情已经紧急到需要拨打911,那他同样可以打电话给你，比如遇到这些状况：在派对上唯一一个能开车送大家回家的人也喝了酒；大晚上被喜欢恶作剧的朋友扔在了一个陌生的地方；在女朋友家的院子里光脚跳舞时不慎割伤了脚。

当你的孩子乞求你帮助他脱离一个糟糕的处境，但危险因素又不是很明确时，你可以根据他的声音和举止来判断。当人们处于真正紧急的状态下，例如二战时期的伦敦大爆炸事件、南加州大地震事件、一场严重的车祸事件等，人会变得安静，动也不动，音量会降低，脸色煞白，并且不会夸大现实状况。但是当人们夸大现实境况来增强戏剧效果时，表现则与刚刚说的完全相反。人们会大声责备、尖叫、脸色变红、喋喋不休、到处乱跑。

如果你的孩子在电话里朝你大喊大叫，那家长要考虑一种可能性：现实情况并不像孩子说的那么可怕。如果他的情绪变低落，或者声音变小，即使他没有直接向你求助，家长也应该知道这代表孩子急需你的帮助。

让孩子自己去承担后果

"有意义的苦难"意味着，不要在孩子与各种会引发问题的人、事之间设置障碍。体验苦难的最佳方式就是，家长能够让孩子体验由他们自己造成的问题所带来的结果。下面是我从一位校长那里听到的一则趣事：

杰克是一名高大健壮的高二学生，他爱把车钥匙扔上学

第 6 章 独立之福：让孩子自主解决问题

校建筑的屋顶，然后听钥匙落到人行道上的声音，这能让他变得开心。这种情况持续了很久，直到有一次他把钥匙扔上房顶后被卡住了。

杰克立马冲进校长办公室报告这一情况："麦金泰尔先生，我的钥匙卡在房顶上了，您能打电话叫维修人员，让他们拿个梯子帮我把钥匙取下来吗？我4点的时候还有一场练习。"

麦金泰尔先生没有将视线从桌上移开，只是回答道："不可能。维修人员都已经下班了。不过等到春天，他们就会清理雨水槽，我保证到时候你的钥匙就会出现了。"

"但是麦金泰尔先生，我没有在开玩笑，我是球队首发阵容里的一员，我刚刚还看到皮特在工具棚附近工作。请您帮我打一个电话给他好吗？"

当麦金泰尔先生和蔼地拒绝杰克的要求时，杰克打了一个电话给他父亲。令他生气的是，他的父亲在电话里大笑，说道："麦金泰尔先生比我勇敢多了，我相信你能自己解决问题。"

最终，麦金泰尔先生允许杰克借了维修棚的钥匙。杰克打开门，找到一架梯子，爬了上去，嘴里还不停地碎碎念，他最终拿到了那把钥匙。杰克到达训练场的时候已经迟到了，教练撤掉了他在周五晚比赛中的首发位置。据麦金泰尔先生所知，杰克后来再也没玩过扔钥匙的游戏。

我非常喜欢讲这个故事，不只是因为这是一个父亲支持学校管理

放手，才能强大
The Blessing of a B Minus

者决定的案例，同时也因为杰克的父亲是对的：让孩子自己去承担因为自己的错误判断所导致的后果，这需要一颗非常坚强的心。许多青少年，尤其是女生（但也并不绝对），将生活看作是一场戏，并且非常聪明地将家长放置在配角的位置上。如果家长不配合他们，将他们从拖延、粗心或其他所处的困难中拯救出来，那家长将会被看成一个十恶不赦之徒——在戏剧的紧要关头显得疏忽大意、冷酷无情或背信弃义，而他们会说：

> 你不明白这份论文有多重要。它算一半的学分，妈妈。而纳什老师的水平又很糟糕，这是大家都知道的事情。她什么都不解释。我上周没有学习，是因为有排练，还有周六摩根的派对。如果一定要今晚熬夜写完的话，我的成绩一定不会好。妈妈，只要让我明天在家写就行。你可以给学校写一个请假条，就说我病了。这是唯一能做的事了。

男生有不同的做法。他们会表达自己强烈的愤怒之情：

> 我怎么知道排球网会着火！我完全搞不懂为什么公园的管理人员要让我和麦肯齐赔一张新的网。他们应该张贴一张警示之类的。

或者仅仅是：

> 这书的名字叫《快来偷这本书》，所以我就偷了。

对于青少年来说，尝试摆脱拖延和粗心所带来的种种恶果是一种标准做法。但作为家长，你的责任则是坚决抵制这种做法。如果你扮演了孩子的辩护律师这一角色，你就是在抢占一个对他们来说非常有价值的过程。你切断了孩子反思、后悔、自责以及明确下一步不应该做什么的机会。

一位父亲曾经对他的孩子们说："我知道你们这次又让自己陷入了困境中，我很想看看你们是如何摆脱困境的，这会非常有意思。"所有的困境以及决心都属于孩子，而不是家长。通过培养孩子让人尊重的公正客观性，我们帮助青少年获得了一项基本的人权——让他们在尚未涉足外界，走向更广阔的天地之前，从自己的错误中吸取教训。

让孩子从犯错中吸取教训

家长如何避免自己介入，帮助青少年处理各种问题，而是允许他们有足够的自由去犯错呢？

为了回答这一问题，我频繁地在演讲开始前询问观众他们自己的青春期经历：

"当你们还是青少年时，你们中有多少人被允许在外面待到深夜，而家长完全不知道你们在哪里？"几乎每个人都举起了手。

"那有多少人做过家长不知道的事呢？"几乎所有人都举了手，观众们笑了。

"家长至今都还不知道的有多少人？"又是几乎都举了手。

"看来你们都逃过了,你们在那时候都开心吗?"大家纷纷点头、微笑。

然后我问他们:"你们中有多少人允许孩子可以不经过家长的同意,在任何时间去任何地方呢?"这一次,没有一个人举手。

如今,家长把孩子的狂欢、恶作剧和冒险行为都看成不合时宜的举动。当我和家长一起谈论青春期种种好玩有趣的事情——逃课、撒谎或者不小心炸坏车库一角等事情时,大家都非常开心。但是,他们接下来会说:"当然,过去那些事情在一个简单世界中并不算什么,但是现如今却不行!现在的世界太危险了!"

剥夺孩子的自由会产生很多的后遗症,即使是在家长不知情的情况下孩子做出的炸东西这类事的自由。我们的孩子不仅仅是失去了获得快乐与冒险的机会,他们也错过了培养自己判断力的重要机遇。对新生发表"如何保证安全"演讲的大学系主任或者高年级学长告诉我,他们最担心的是那些在高中时被过度保护的学生。"谁是最可能遇到各种麻烦的人?"一所私立大学的院长告诉我,"是那些生活中一直被看管着、从未喝过酒、从未违过纪、不带手机不允许出门的孩子。"这些孩子最有可能冒险去做鲁莽而危险的事情,因为他们从来没有从小事中汲取过教训。

1. 给予孩子犯错的自由

当家长告诉我"世界已经变了,过去更加安全,而现在我们不能再冒险"时,我会告诉他们我年轻时候的故事。

八月,我在暑期少年夏令营当辅导员的某一天,朋友帕蒂和我一起站在路边，竖着拇指等车。等了比平时更长的时间，才有人愿意让我们搭便车。我们稍稍犹豫了一下，就坐进了那辆汽车里。我们在意那辆车里有另外三个男孩吗？不，丝毫没有。那天是我们的休息日，天气非常热，去城里的乳品店能买到我们想吃的冷冻花生酱奶昔，但去一趟要花很久时间。当司机把车开到一条偏僻的小弯路上时，帕蒂问他为什么走这条路。

"这是一条抄近道的路。"他回答道。

接着，所有的男生都笑出了声。

我拉下帕蒂，让她将头枕在我的腿上，说："哎呀，她又晕车了。快把车窗都打开，让空气流通起来。等到她肩膀都开始发抖就太晚了。这条路弯弯绕绕的，只要路一绕，她就可能呕吐。"

车里的人命令我们立即下车，然后他们加速离去了。我敢肯定，他们回去的一路上都会讨论他们是如何幸免于难的。我们走回了营地，一路上都在重复说着"我的天哪！"

作为一个团队，我们从一个潜在的噩梦中拯救了自己。帕蒂是一个很好的领路人，我虽然根本不知道哪条路能够进出城，但却是一个很善于急中生智的人。事实上，帕蒂根本没有晕车。在那一天，我们俩人配合默契，成功地躲过一劫。我们上车时既天真又粗心，但在下车时却表现得世故圆滑。显然，我们从危险中得到了教训。

我并不主张家长去搜一个叫"阿迪朗达克搭便车大冒险"的项目，还把这个项目作为暑期丰富孩子经验的演练。如果我的父母知道这件事，他们一定也不允许我去搭便车。但是，我和帕蒂却因此拥有了现在青少年永远无法得到的东西：犯错的自由。在发现自己身处危险的境地后，我们通过急中生智和团结合作拯救了自己。

没错，这个世界确实变了，但也并没有变很多。改变的是：当我和帕蒂做辅导员的时候，家长不会一直查看营地周边是否有性侵者出现的新闻，或者一直给孩子发短信询问他们的日程安排。相反，我们的父母直接把我们扔在营地六个星期，只稍加嘱咐，并祝我们玩得愉快。这就是信任的实际表现。

花点时间回想下你自己的青春期：你陪伴的人，违反的法律，一直瞎晃悠的地方，鬼祟的举动，秘密和谎言。想一想你自己如何幸免于难，还从中学到要与那些品行不端的伙伴划清界限。想一想那些不法活动和犯罪记录，懒散的行为以及糟糕的成绩，经历过这些以后，你对自己说："哇哦，侥幸逃脱，我以后再也不那么做了。"是的，你变成熟了，也更加聪敏。几十年过去了，你都活得好好的，现在的你正舒服地坐在一个光线充足的房间里，阅读一本育儿书籍。

现在，是时候给你的孩子一个机会去为自己设置一些障碍，就像你曾经做的那样。没错，青少年确实幼稚又浮夸，家长必须在身后帮他们判断和处理危险。但是，获得经验的最佳方法，也是唯一的途径，是让孩子自己去摸索和体验。如果家长在青少年成长道路上树立太多"危险/请勿靠近"的标志，那等于在给他们创造一种新型的危险：过度恐慌。

2. 避免"不良世界综合征"

我见过很多家长原则上同意孩子对于自由的需求，但仍然时常担心现实世界存在的种种危险。

所有这些猜想都有可能发生，但可能性并不大。因为媒体经常发布一些夸张化的报道,以至于家长很难不去担心那些低概率却耸人听闻的事件。这些事件、病毒或者威胁越是形象、血腥、性感、致命,越是有大量的人关注。恐惧具有说服力,而这些画面和故事让危险看起来更加逼真和贴近生活。人们花极多的精力去关注这些新闻,其代价是产生宾夕法尼亚大学研究员乔治·格布纳所说的"不良世界综合征"。格布纳发现,人们看的新闻和电视越多,越感觉周围处处不安全,而且自己很容易受伤,因此人们也就越发不愿意出门,尤其在晚上。此外,人们也会越来越害怕与他人打交道。这是一种传染病。新闻已经不再是世界的窗户,它变成了世界本身。

电视并不是唯一一个促使人们对过度保护陷入狂热的媒介。杂志、广播、互联网,还有过度紧张的家人、朋友,都会给我们提供各种信息,这些信息足以让我们想象出各种可能发生在孩子身上的意外。我之前订阅过由当地警察局提供的"电子警察"服务,每次周围发生犯罪事件,"电子警察"都会告知我。当我意识到这一服务让我每时每刻处于紧张状态,而这个片区从统计学角度来看非常安全时,我立即取消了订阅。

然而,导致担心的诱因却很难避免。即使没有"电子警察",你也能在打开电子邮箱时发现你的妈妈、阿姨或者警觉性极高的朋友发来的一封警示邮件,提醒你公共地下停车场隐藏的危险,足球运动可能对青少年骨骼生长发育造成影响,不聘请大学实习指导顾问可能造成的不良后果等。你会停下手边正在做的所有事情去衡量这些信息:这只是一则民间传说,还是有法律依据的科学发现?夸张还是合理?我应该请一个指导教师,禁止孩子踢足球,不让孩子晚上去停车场吗?

放手，才能强大
The Blessing of a B Minus

意第绪语[1]中有一个特定的短语，被用来描述那些传播令人担忧的流言蜚语的人：sorgen meister。那些经常用恐惧影响他人的人，让我想起《出埃及记》中的间谍，他们报告了进入应许之地的危险。我曾经在《放下孩子》一书中也提到过这个故事。在穿越沙漠之后，摩西派出了一组由十二名间谍组成的侦察队去提前检测领地。间谍们回来后报告说：没错，土地上遍布牛奶和蜂蜜，但是周围都被敌人包围住了。他们讲述故事时，危险被逐渐放大——敌人变得更加高大强壮。"我们在旁边就像蚱蜢一样！"间谍们回应道。还有那片土地——"它会把住在那里的人都吃掉！"难怪所有人都对摩西大喊大叫，哭闹着说："我们要返回埃及！"

当家长带领孩子从童年走入青春期时，家长也就进入了一片全新的地域。你不仅挥手告别了婴儿监视器、安全剪刀、玩伴时间以及家庭棋盘游戏的世界，同时也告别了一个处处需要家长参与的世界。孩子必须在没有家长参与的前提下，独自去体验这个新世界的各种事件。领域的变化会让未来看起来颇具危险性，孩子们需要勇气继续前行。负责的家长非常警觉，他们紧紧跟随这一事实和趋势。

身处复杂多变的世界中，拒绝体验是无知又危险的。担忧很正常，但是在青少年走向成人世界的旅途中，如果关注太多可能的危险，家长就很难成为冷静的领导者。如果你患上了"不良世界综合征"，那你看到的就是一个扭曲了的现实世界，你会因此变得非常恐慌，不敢让孩子去犯成长路途中必要的错误。

---

[1] 一种日耳曼语，使用者主要为犹太人。

"不良世界综合征"的解决对策是让自己少看那些耸人听闻的新闻消息、网络报道以及邮件警示。如果社交圈子里的朋友向你灌输恐惧,那就去结交一些头脑冷静的家长,还有已经成功把孩子抚养长大的家长。如果你担心某个活动对孩子来说未必安全,那就多问问这些家长,他们经历了很多危机,具有明晰的洞察力。问问这些专家,他们让孩子在几岁的时候做下面这些事情:

- 上网。
- 没有打电话通知家长,就从地点A(超市)走到了地点B(煎饼店)。
- 去不认识的人家里参加派对(他们有没有在第一时间告知家长?)。
- 在外面待到午夜,或者凌晨两点,或者彻夜未归。
- 公路旅行。
- 在没有家长陪同下参加音乐会或音乐节。

运用他们给出的答案,但不要就此止步。孩子每天的生活环境,包括家里、学校以及各种活动,都是测试孩子成熟度和判断力的实验室。在你做出给孩子多少自由的决定之前,先看一看下面这些在实验中会考虑的问题:

- 你的孩子如何使用科技,比如:社交网站、短信、即时邮件、安全又适度的上网和下载?
- 你的孩子对待家庭作业有多认真?

- 你的孩子在外面表现得如何？暂时忘记他在家中对待兄弟姐妹的方式。在对待家人、你的朋友以及其他人，像是服务员、销售员和收银员时，他的方式是否有礼貌？
- 你的孩子对值钱的东西有责任感吗？他会一直丢手机吗？手机会无缘无故掉水里吗？他会把爷爷奶奶给他买的夹克挂起来吗？他会更换断了的吉他弦吗？
- 你的孩子在过去是怎么处理有可能发生麻烦的情况？

家长将智慧和精力投入这些话题上，并不属于过度教育。为你的孩子提供适度的自由，与你衡量合适的正畸医生或是大学预科课程的利弊一样重要。

关爱的消极面

从孩子身边退开，在自由与限制之间设置一个合适且不断变化的比例，学会利用明智的建议和积极的帮助——这些都是很难的。尽管如此，那些无法与孩子分开的家长可能仍需自我反省。虽然过度保护可能源于被误导的爱，但是当家长自身的情感需求导致他们寻求一种与青少年非常亲近的关系时也会发生过度保护的情况。这些家长有一种被需要感，这种需求是深层的、多层次的。很多家长并没有意识到这一点，然而结果是真实的。一个家长说出"没有我，你什么都解决不了"这句话时，其潜台词是"没有你，我无法解决问题"。

我的客户琳在一个友好的小城市长大并组建家庭，目前在一家室

第6章 独立之福：让孩子自主解决问题

内设计公司上班。当琳的丈夫在另一个州找到了一份薪酬更高的工作后，他们一家人都搬到了一个大城市的郊外。

在新的城市里，琳自己做起了生意，但这并不容易。来找她的客户都是一群更富有、要求更高的人，就像琳曾经描述的那样，这些客户比之前小镇上的客户更冷漠。琳在自己这间家庭办公室里感到很孤独，仿佛与外界隔绝，然而她并不想晚上独自开车，穿过长长的街道，进入热闹的地方。

与此同时，她的女儿詹娜也面临着众多的挑战。作为一名新生，她觉得自己局促不安，像个隐形人。她的同学摩根把她当成了一个好欺负的对象：哄骗詹娜，让她完成了整个小组的科学作业；在学校公开嘲笑詹娜；在社交网站上张贴詹娜换运动服的照片；打电话给詹娜，诱使她说出喜欢的男生，然后又突然说那个男生一直秘密地听着电话内容。当詹娜哭着把在学校发生的事情告诉妈妈后，琳决定不让脆弱的詹娜再去面对这个可恶的"坏女孩"了。她觉得学校唯一可以采取的公平办法是将詹娜转到其他班级，同时给予摩根休学的处分，让摩根为自己的残酷行为付出代价。

于是现在，一切都发生了变化。琳每时每刻都非常忙碌，她在生活中有了一个全新的角色。蛮横的校长认为摩根道歉后事情就算翻篇了；无情的老师建议詹娜自学一些获得自信的技能；慷慨的家人和朋友帮助琳打官司，请有同情心的私人治疗师。琳每天将好人和坏人做的事情用黑色幽默和热情满满的方式记录下来。她给还在工作中的丈夫打电话，让他帮忙做决定。她在晚上与妹妹的通话中不断补充故事的细节，像《孙子兵法》里的孙子那样策划着她的行动。

詹娜也发现了一些变化。她的妈妈不再全天候紧盯着电脑，或者

151

催她快点完成作业。妈妈看上去更快乐了。琳并没有过多关心詹娜的事，因为她正忙着打官司，琳自己就是案件的证人。

几周以后，学校同意让詹娜换新班级，并且处罚摩根留堂和做社区服务。随之而来的是，琳的社交网络失去了价值。家里又一次安静下来。两周后，詹娜回到家，向妈妈抱怨一个新的恶劣行径。一个名叫泰勒的男孩在英语考试中直接偷看了詹娜的卷子，并且复制了詹娜多项选择题的答案。琳再一次变得兴奋又忙碌，并且有了做事的目标。她有一个计划：只要把詹娜卷子上的答案和泰勒的进行比对，那么谎言就会不攻自破。泰勒不可能答对每道题，如果他的错误和詹娜一样，这会成为最有力的证据。琳再次策划了一场极具吸引力的剧本。那么詹娜有没有故意制造一些麻烦，以此来缓解妈妈的孤独呢？她的问题可能有很多种原因。但影响是显而易见的——詹娜遇到的各种麻烦改善了她母亲的心理状态。

当家长对目标、联系以及满足的需求与青少年对戏剧化和愚蠢行为的偏爱产生矛盾时，家长获得了一个互相依赖的解决之道。对于家长来说，这种方法是直接的：孩子的问题为我提供了一个明确的目标，这让我与孩子紧密相连，还能阻止我去思考自己的问题。

在包含精彩论证的《防止孩子上瘾》一书中，斯坦顿·皮尔把"上瘾"定义为一种表面上让你感觉良好，实际上却在伤害你的反复行为。它能够提供"快速、准确、容易获取的满足感"，但也会"阻止你去体验更多更有挑战性的生活，同时妨碍你的成长"。

家长对青少年"上瘾"是因为我们每时每刻都习惯于过度关心、担忧、鞭策和宠爱自己的孩子，以至于我们其他的生活技能开始退化。当孩子渐渐长大，而我们慢慢老去时，看到孩子变得更加独立，我们会联想到生命的终结,以至于觉得让孩子依赖自己其实更好。这也是"学会放手"如此艰难又如此重要的原因。

做孩子的辅导员而非服务员

家长的挑战是:既要与青少年的"规模庞大的精神以及粗糙不堪的灵魂"建立亲密联系,又要远离孩子在日常中的各种戏剧化行为。保持亲密的同时还要注意分离,这需要很大的勇气和一定的技巧。家长—孩子这一关系的节奏每天都会发生变化,这意味着家长今天成功,明天可能就会失败。这需要双倍的努力,因为家长面对的是强大的敌人:文化。它会告诉你要在灾难发生前先发制人。孩子要么哭喊着寻求你的帮助,要么咆哮着让你别管,而你可以确定的是,他们需要你的引导。

家长应该事先就料到事情可能会变得混乱,你的睡眠也会受到干扰。家长应该尽力尝试充满爱地与孩子分离,这是一件非常有难度的事情,因为它让你觉得好像在抛弃自己的孩子,或者像被孩子抛弃。当这种情况发生时,家长要跳出自己狭小的圈子去寻求纾解:找一位体贴的朋友、一位生活导师、一位治疗师、一门研究课程、一门寿司制作课程、一堂后现代主义课程或者一次针织课程,等等。只要是能够有效阻止自己胡思乱想或惴惴不安的方法都可以。

如果有必要的话,每天提醒自己,帮助孩子的最佳方式不是做一个积极的保护者或问题解决者,而应该是一个温和、富有同情心、冷静的倾听者。

放手，才能强大
The Blessing of a B Minus

曾经一位佛学大师，于二十年前的著作中警告众人千万不要"同情白痴"，正是因为我们不忍心看到人们受苦，所以才无限制地溺爱众人。如果家长给孩子他们想要的（服务人员），而不是他们需要的（明智导师），那家长就是在低估孩子的能力，并且让孩子产生依赖。

第 7 章

时间之福：
为休息和娱乐腾出时间

家长要做的是：改变与时间的关系，不要把时间看成一种稀缺的资源，而把它当作一份理应带着感激之情去接受的馈赠。

一位朋友曾经和我说过，有个人打来的电话让他终生难忘。某天晚上，名叫科纳的高二学生向父母坦白，每当他试图学习或睡觉时，他的心脏就会剧烈地跳动，下巴就开始疼，然后开始冒汗。他觉得自己快死了。科纳的父母把他带到急诊室，医生诊断出科纳得了由压力引发的恐慌症。科纳的妈妈突然领悟到什么，在急诊室打电话给拉比，说："你知道吗？在我的记忆中，这是我们三人第一次安静地待在一起这么长时间。"

这个故事让我想起读者在看完记者玛丽·凯·布莱克利的《结束后叫醒我》一书后的反应。这本书记录了她陷入昏迷后的一系列事件。在她随后的一本回忆录《美国母亲》中，布莱克利写道："全国各地的女性在读完《结束后叫醒我》一书后，认为我的昏迷听上去让她们产生了尝试的欲望。"一位来自波兰的女性读者带着明显的羡慕之情，向布莱克利问道："你睡了9天吗？那是一种什么样的感觉？"

当然，去急诊室或者陷入昏迷并不是我们大多数人所认可的放松的假期。但我经常听到家长把流感、轻微支气管炎症当成他们获得休息的最佳方法。对很多家长来说，高烧是他们唯一能接受的借口，在这一段时间里，他们可以完全不顾医生的约定日期、家长会还有深夜收发电子邮件这种每日必做的事情。

正如科纳的恐慌症所显示的那样，我们的孩子也正在受到学习忙碌所带来的影响。学校辅导员对高中学生的"绿色贝雷帽"心态[1]非常熟悉，这些学生坚信，唯一能够不断提升自己的方法就是做得比别人更多！"我能够完成特别多的作业，完全不用休息！"他们这样告诉所有人，包括他们自己。

这些青少年也许会坚称，他们非常喜欢每一个课外活动和荣誉班，但最终他们会筋疲力尽。他们可能会生病，在课堂上睡着，出车祸，体重骤增或骤减。他们产生了类似于多动症一样的注意力方面的问题。他们向朋友借兴奋药物让自己保持清醒。他们情绪低落，思想抑郁，还将满腔的愤怒发泄到家人身上。

在《放下孩子》一书中，我谈论过时间紧迫性的问题，以及这个问题对年幼孩子的父母造成的影响。在那本书中，我为年轻的家庭提供了一种解决方法：改变与时间的关系，不要把时间看成一种稀缺的资源，而把它当作一份理应带着感激之情去接受的馈赠。

犹太人家庭会将安息日晚餐作为家人团聚的机会，即使不过安息日，我建议家长将休息日晚餐加入日常生活里，以此来掌控生活节奏。一顿晚餐比让大家放慢步速一小时更有效。一顿完整的休息日晚餐，也许包括闪亮的烛光、美味的面包和葡萄酒，还有一道别致的甜点，

---

[1] 绿色贝雷帽是美国陆军特种部队的称号，其中每一名队员都是具备多种能力的佼佼者。这里指争取面面俱到、事事做到最好的心态。

放手，才能强大
The Blessing of a B Minus

这会是一次关于聚会、休息或焕发生机的神圣体验。

当孩子还小的时候，我非常喜欢我们家的安息日晚餐。它一般都是样式丰富、慢慢悠悠，并且经常有客人到访的一顿晚餐。我们为那些需要治愈的人点燃蜡烛，我们挽着手，一边围着桌子跳舞，一边高声唱歌。这是一首欢快的歌曲，欢迎孩子的守护神降临我们家。

我们赞颂葡萄酒、白面包卷和孩子；在用餐期间，我们轮流说着这星期让大家心怀感恩的事情。没有人谈论工作、房产、金钱或者其他问题。相反，我们经常讨论《摩西五经》及其注释，尤其是一些嬉戏玩闹的细节。

犹太人有这样的观点：每个人都有拯救世界的责任，即通过爱与仁慈纠正错误，从而让世界更加美好。通过在人世间进行精神管理，我们逐渐修复了宇宙中的裂缝。在普通的一周里，所有忙碌着的家庭都会遭遇各种问题，但是，通过休息日晚餐期间的交流和共同进食，我的家庭变得更加和睦。微小的破洞在被撕裂成更大的裂口前就已经被很好地缝合了。

周五的晚餐将我们与全球的犹太社区，或是世界上所有在太阳落山时进行聚餐的家庭联系在一起。这些感觉打开了一扇通往神圣、永恒和奇迹的大门。

我以为这种舒适的晚餐能够给青少年带来长久的影响，但我的两个女儿让我逐渐清醒。当苏珊娜和艾玛成长为青少年时，我无法忽略这样一个事实：周五的晚餐，慢吞吞的节奏，品尝美味的食物，对犹太故事的讨论，等等，都已经变成了无法忍受的重担。

并不是只有我一个人有这种想法。当犹太家长提到即将到来的安息日晚餐时，许多孩子都怨声载道。在饭桌上，这些家长抛出的开场

第 7 章 时间之福：为休息和娱乐腾出时间

白很快就沉寂下去，而孩子则偷偷在桌子下面发短信。

让孩子们围着桌子跳舞？他们会说："绝不可能！"和家人一起，坐下来吃一顿两个半小时的晚餐？"嗯，听上去还不错，但我真的很忙！"事实也的确如此。

在犹太家庭中，当孩子成长为青少年时，休息日就变成了一个过不去的坎。他们不会珍惜这个机会，而是在越来越多的周五晚上，一起拼车去观看曲棍球比赛。对他们来说，周五的晚餐再也不是一个让彼此重新恢复生机的机会，反倒更像是忍耐家长的练习。"你觉得我们喜欢坐在这边看你摆脸色吗？"家长在抱怨自己的孩子时，也会对自己发火。很快，逐渐失落的家庭聚餐看上去像是一个隐喻：孩子已经离开你，每个人的生活步速都加快了。

过去，一家人在周末晚上还会玩挠痒痒或者糖果世界的游戏。现在，这种傻乎乎的乐趣都被几个小时的家庭作业、一天两次的体育锻炼以及不断变化的日常逻辑所取代，比如："我们如何才能让乔丹从吉他课上赶回来，准时观看萨拉的游泳比赛？"甚至连家庭的度假都有可能变成战场，而不是恢复生机的休息期。

对于家长来说，面对这种情况，你有一个选择。你可以强制性地将家庭时间表套在孩子身上，或者你可以稍稍放手。

抚养青少年的悖论之一是，如果家长愿意灵活处理家庭传统问题，重新考虑或者创造性地进行修改，就更有可能保护这些传统的内在精神。有时这意味着需要家长做一些计划，有时它又要求家长随大流。不论选择哪种方式，这都是你身为家庭支柱所要承担的责任——为了你的家庭，你的孩子以及你自己。这些策略也许表面上看起来并不神圣，但却是放松、恢复以及彼此重新沟通联结的方法。

放手，才能强大
The Blessing of a B Minus

和孩子一起度过休息日

　　我要对家长说：如果你叹息着想起孩子小时候与你在休息日度过的甜蜜时光，我表示非常同情。但如果家长能意识到现在的休息日已经有所不同，那么将晚餐设计得符合青少年口味也就不是什么难事。

　　孩子并不会因为和家人吃了一顿特殊的晚餐就变得高兴。你的孩子曾是一个4岁的贴心的宝贝，但她现在也许会穿着比温迪斯·亚当斯[1]颜色更暗的衣服，闷闷不乐地拖着脚步走向餐桌。就像我认识的一位犹太母亲说的，"我们从幼儿休息日变成了哥特式[2]休息日"。但是即使这样说，和青少年一起过休息日也比和幼儿一起度过更加丰富多彩。对于家长来说，如果能够不去过分注意细节，休息日就可能变成一个非常珍贵的交流和沟通的节日。

　　那么家长要如何创造这样的奇迹呢？一些实用性的策略很有帮助。首先，你要确定对你的家庭来说，每周五晚上的安息日晚餐是否可行。在一些家庭中，即使孩子非常忙碌，家长也会维持每周的仪式。孩子知道休息日并不仅仅是他们记忆中的幼儿园活动，而是一项非常神圣的仪式，每位参与其中的成员都要有决心，要足够成熟。其他家长没有那么频繁地主持休息日活动，但当他们举办活动时，每个成员都必

1　电视剧《亚当斯一家》中的人物。
2　一种色调阴暗的艺术风格，以恐怖、死亡、巫术、诅咒、吸血鬼等为标志性元素，表达黑暗、恐惧、孤独、绝望的主题。

须出席。在一些家庭里，周五晚上在任何地方吃晚餐都可以，即使是在快餐店或者当地的日式餐厅也没问题。

在上述的几种形式中，找到适合自己家庭的方式。当实际情况发生变化时，形式也要进行相应的调整。经过头几次失败的相处后，家长可以把仪式简化，改变菜单，并且邀请希望一起加入活动的孩子的朋友们。

我同样建议你降低标准。如果你的孩子参加了活动，即使他面露怒色，你也不要生气，他们能来就很好了。就像资深教育家、拉比佩雷特·沃夫·普鲁森说的那样："如果你想让孩子高兴地参加休息日聚会，那你就必须等上很长一段时间。"

对于青少年其他形式的尴尬，家长也要有耐心。比如：在休息日期间，我们家一直有一个传统——为有需要的人点燃蜡烛，并大声说出那个人的名字。我的孩子还有那些经常来家里玩的孩子们想要为他们的朋友点燃蜡烛，但是他们非常注重隐私，对表明身份感到很害羞。我们允许他们这么做，并且对他们为谁祈祷、为什么祈祷并不过多担心。

普鲁森拉比指出，旧金山的高中学校会在周五晚上举办舞会或者社交活动。他建议家长制定一个双向交易："你和你的朋友们一起来吃晚餐，我们早点开始，在舞会前结束晚餐。舞会结束后，我们也会开车来接你。"如果孩子不能或者不愿意参加周五晚宴，普鲁森拉比建议这些家长这样说："我完全理解你，但我们会很想念你。"这种温暖的回应不仅制止了一场争端，还让孩子知道当他决定回到休息日餐桌时，永远有一张位置是为他保留着的。

我还建议孩子在邀请朋友时，要找那些不和自己家人一起庆祝安息日晚餐的朋友，这样能够回避一些社交问题。这些客人会感到万分惊奇，你的孩子不仅能够阅读弯弯绕绕的希伯来文，还会用心念异国情调的祷词。客人们也许还会表演一些令人惊叹不已的技能，作为被邀请的回报。我女儿就带着骄傲的神情回想起了她那几位非犹太籍友人，他们是我们家休息日晚宴的常客，学习了希伯来祷告词的文字和旋律。

美国犹太大学芬格赫特教育学专业教授荣恩·沃夫森博士说过："前来做客的青少年非常羡慕这种能和家人团聚的时光。许多孩子之前从未体验过在休息日与家人热情地拥抱，得到家人的祝福，一起唱歌，在餐厅享受一顿丰盛的晚餐。"随后，孩子和他的朋友们可以到其他房间去享受他们自己的欢乐时光。

和孩子一起过休息日时，我最喜欢的部分是给予孩子传统祝福。大人轻轻地抱着孩子的头，在他耳边轻声祝福。30秒时间是那么亲密温柔，这和家长与孩子之间的日常交流不一样。我从未见过有孩子拒绝这种形式的祝福。祝福本身也非常美，尤其是当你对一个正处于"非圣洁"发展状态的青少年说的时候，会显得很感人。

延续休息日的神秘感

犹太人休息日晚餐的最后环节有一个仪式，可以让休息日的神秘感持续一周。这是一种简短的仪式，用五种感官让参与者记住休息日。点亮一只多芯蜡烛后，用餐的人相互传递一个精致的银质容器，嗅闻里面盛着的香料。他们喝杯中的葡萄酒，或者将葡萄酒点或擦在自己的眼睑上,这样在晚餐结束后,大家依旧能记住每一个细节。

这个隐喻非常美,但是操作起来却很棘手。当生活回到正常状态,家长如何才能维持休息日当天的缓慢节奏与亲密感觉?我建议你找一些机会和青少年进行交流。不要将全部的注意力都放在他们身上,否则他们只会因为不适而离开。你可以尝试运用一些更加巧妙、让孩子感到更轻松的方式,比如带他们出去吃饭。青少年也许会对你的厨艺有些挑剔,或者他们会提出一些惹人嫌的要求("我和你说过不要放面筋!"),但是当有其他人请客时,他们一般也不会拒绝。而且,对青少年来说,只要一份色拉、一个比萨、一杯柠檬味汽水,你就可以与他们共度愉快的 20 分钟,分享各种有趣的事,交流一些好玩的东西。

当然孩子有时也会迫切想要和你交流,但是,他们会用各种命令式的要求来伪装这一难得的温馨时刻,比如:"妈妈!妈妈!你一定要看这段斗牛犬玩滑板车的视频!"或者,在结束了棒球训练回家的路上,孩子想要和你聊聊天。在这些情况下,要放下手中的一切,去看斗牛犬玩滑板,绕远路听孩子闲聊。

如果你的孩子决定在你做家务的时候对你敞开心扉,不要让孩子坐下来,然后关上门,询问各种烦人的问题,这样会把他们吓跑。相反,你要认真地听每一个字,将已经折好的衣服翻开再折上,让孩子有时间告诉你:他担心马上就是初三开学了,可是他太矮了;或者她认为自己是唯一一个没有和男孩约会过的女生;或者她好朋友的父母离婚了,但她却不知道说些什么。

放手，才能强大
The Blessing of a B Minus

重拾家庭的乐趣

另一个为家人创造休息和团聚的方法是恢复旧的传统或者建立新的传统。当孩子还小的时候，有一些家庭传统为你的家庭创造了一段美好的时光。它们也许是生日、假日庆典或者是年假。这些场合要么唤起你自童年以来最美好的记忆，要么创造了全新的体验。它们通过感觉被深深刻在你的记忆中——闪烁的节日灯光，只有在生日当天才做的美味食物，每年都租用的山边小屋中雪松的味道。

现在呢？也许你的家庭传统仍然延续着。也许你那15岁的儿子等不及要过假日，也许这个高一的新生正在急切地计划今年一家人要去游乐园玩。但更多的是，他们的态度改变了。

当然，家长还是有可能维护（或者复兴）家庭传统，同时也获得乐趣。与青少年一起享受家庭的欢乐需要花费比孩子还小的时候更多的努力。家长需要有意识地保护某些在青少年看来难以忍受但实际上万分珍视的家庭传统。

青少年更喜欢哪一种传统呢？只要不用一直保持微笑、穿着优雅，或者待在大人喜欢的狭小空间，被问各种讨厌的问题，像是："你打算申请哪里的大学？谈女朋友了吗？"尝试做几次实验，不要在意孩子的冷漠。

有一种办法是，问孩子是否愿意和你一起为生日或节假日做准备，烘制一些饼干和小蛋糕。孩子也许会答应你，虽然表现得像是在帮你的忙，但当你拿出面粉和巧克力碎屑，他们就会全身心投入其中；或者，

第 7 章 时间之福：为休息和娱乐腾出时间

叫他们来为万圣节布置房子，又或是让他们帮你做普林节[1]的服装。家长在"哥特式安息日"中，应准备去接受一些不同的选择。

与此同时，家长也要知道在什么时候去改变那些容易引起家庭矛盾的传统。当我女儿还小的时候，她们最喜欢犹太的新年。庆祝之余，我们还在沙滩上观看庄严神圣又鼓舞人心的仪式。仪式过后，大家都换下正式的服装，穿上牛仔裤，戴上棒球帽。我们还要举行一个仪式：把我们的罪恶写在一张纸上，撕成碎片，或用面包屑来代替，然后扔进大海，象征性地表明扫除了过去的罪孽，准备迎接新一年里的快乐与美好。小孩在海边沙滩上玩耍的时候，拉比和领唱会弹奏吉他。这真是一幅美好的景象。从威尼斯到马里布海滩，许多会众都在表演、祈祷、唱歌，然后野餐。

有一年，当我的孩子成长为青少年时，她们宣布再也不想去参加海滩边的犹太新年仪式。她们想去洛杉矶河——一条完全与浪漫无关的河流，位于城市中心，水质被污染，还有混凝土河岸。

我和丈夫同意了。我们没有去野餐，而是带上一条宠物狗，同行的还有一个同街的朋友，孩子的叔叔和兄弟，加上他们的狗。河边只有我们这群人。小狗在马粪堆里打滚，水猎犬在河里游泳。当我们把写上罪恶的纸条扔进水里时，它们好似在尝试着取回我们的罪恶。

大家都很喜欢这样的庆祝方式。虽然我们所在的这条河靠近交通繁忙的林荫道，但这里有随风摇曳的高大柳树，岸边还有梧桐树和香蒲。我们坐在光秃秃的水泥地上，庄严地写下我们的罪恶，然

---

[1] 为庆祝古波斯帝国时代犹太人从灭族危难中幸存而设立的节日。

放手，才能强大
The Blessing of a B Minus

后看它们随着河水漂向远方，直至消失。这种象征意义在海边是不起什么作用的，因为当你把纸片扔进海里后，你会看到它们又漂回岸边。

仪式结束后，我们去了一家自助给狗狗洗澡的店，我们帮狗洗刷并且吹干。接着，大家精神抖擞地回到车里，洗净了泥泞与罪恶。没错，一个成年犹太人错过了海滩和一群会众，并且做了一些心理上的调整，才接受在这样一个神圣的日子里给狗洗澡的必要性。就像过安息日一样，我们保持了最初的意图，但对细节做了一些调整。

这种态度在度假也同样适用。有些度假地点并没有得到青少年的喜欢，因此无法给他们带来家庭乐趣，例如：游乐园，虽然青少年很喜欢和朋友一起去玩；家庭度假村，大多数都是带着孩子的家庭，或者除了家长，都是不认识的人；长途旅行，一次五个人挤在一辆小车里。如果上述的某种旅行方式是你们家的传统，那还是考虑换一种新的模式吧。询问一下孩子的朋友，他们喜欢去哪些地方游玩。

要为孩子挑选一个他们感兴趣的旅游地点。在一个夏天，我们一家人一起去了冰岛，因为我的小女儿艾玛非常喜欢当地的流行音乐，而大女儿苏珊娜是一名地质学专业的学生，通过这次旅行，她能够研究黑熔岩区域和火山。我和丈夫两人非常珍惜这次能够泡在温热的蓝色环礁湖中的机会。大家都非常期待穿着钉鞋行走在冰川上的感觉。为了能更好地出行，我们在前期花费了很长时间做计划，还缩减了日常开支。作为一次千载难逢的机会，这次旅行带给了大家更多的交流和难以忘怀的记忆。冰岛之旅后的那个夏天，我们在新罕布什尔州租了一间小木屋，在那里，我们过得非常开心。两个女儿有家乡来的朋友也住在附近。白天，我们一起徒步旅行、划船或是游泳，到了晚上，则一起玩文字游戏。

如果你的假日预算允许你多带一位客人,你可以考虑让孩子带一位陪伴他的朋友。旅途中有朋友相伴有很多好处。朋友可以帮助调节一下因为一家人一直待在一起而难免产生的厌倦感,你也不用背着需要时刻为孩子提供娱乐的负担。家长也可以带上自己的朋友。这样,当大家需要休息时,家长和孩子就可以分开。

赞美逝去的时间

为你的家庭创造一种新的仪式需要一些技巧,但这也非常有趣。此外,家长依然掌控着一切。家长要考虑孩子的兴趣和性格,但最终做决定的是你。家长的另一项任务更加艰难——必须学会尊重孩子在没有你的情况下自我放松的方法。

你的孩子可能会喜欢家长认同的放松方式,例如:锻炼、阅读和类似爱好。或者他更倾向于并不是很健康却得到很多青少年认可的方式,比如:开派对狂欢或挑战法律界限。这些我们都会在后面进行集中讨论。

在这里,我想要公开支持一种完全不同的放松方法,一种并不像吸毒、酗酒或其他挑衅行为那样具有潜在的破坏性,但还是会让家长感到些许紧张的方式。我说的是,明目张胆且几乎没有任何意义地浪费时间,比如社交和上网,和朋友一起做幼稚的事情,观看粗制滥造的电视剧等。

放手，才能强大
The Blessing of a B Minus

1. 明智对待孩子的上网行为

当青少年对科技，尤其是互联网产生兴趣的时候，一些家长却持怀疑态度。通常情况下，家长会用这样的句子，比如"我只是想确保她足够安全"或"我需要确认他是在用电脑做作业，而不是胡闹"，来证明自己不允许孩子用电脑是正确的。但网络生活是一个全新的绿色村庄或者角落商店，是青少年可以放松、表达个性、与朋友交流、远离烦人家长的好地方。网络为青少年做这些事情提供了大量的机会。

一个家长该如何明智地引导孩子使用互联网？我们当然不能用按键捕获和截屏程序来监视孩子在网上的一举一动。家长对网络的恐惧大都源于新闻报道，这些报道是关于网络罪犯利用互联网诱导孩子离家出走，对其进行伤害的事情。电视新闻网和电视剧，例如著名的《抓捕猎食者》，就是通过人们对那些可怕的陌生人的恐惧反应吸引了很多的观众。

但这种恐惧是基于现实情况的吗？在一篇2009年发表于《美国心理学家》的文章中，杰尼斯·沃拉克和同组的调查人员指出：许多家长对网络活动的恐惧都未经证实。1993年到2005年这段时间是互联网对青少年大肆开放的时期，发生在青少年身上的性暴力事件实际下降了52%。青少年在网上与朋友的朋友，甚至是与陌生人沟通交流也不会产生特殊的危险。沃拉克指出，危险行为并不在于和没见过面的人聊天（这是青少年一直在做的事情），而在于泄露姓名、电话号码、照片，或随意与不认识的人谈论性话题。

青少年在网络空间所遭受的危险并不像绑架和性骚扰那样突出，

但依然需要关注。这些危险包括：引起视觉疲劳和体力值降低的"网络土豆"效应[1]，因丑陋或恐怖画面造成的情绪干扰或名誉受损。青少年会在网上发布令自己与朋友有失体面的照片，他们对这一举动可能造成的长期影响毫不知情。因为网络交流并不是面对面发生的，所以青少年对于利用网络八卦伤害他人情感的事会显得格外冷漠。

运用我在前文提到的"自然实验室"观点，家长要像处理真实世界中发生的类似事件一样对待青少年在网络世界中的突发事件。家长要根据青少年在生活中的判断力，来给予他们适度的自由。家长可以根据青少年的年龄和责任感来制定宵禁时间，这种方法同样适用于规定电脑使用时间。或者，通过使用网络过滤器进行限制，直到青少年能证明自己足够成熟。

家长在评估青少年对网络世界的准备程度时，需要考虑以下问题：

- 他能否在没有他人唠叨的情况下独立完成作业和准备考试？
- 他能对自己的健康、卫生以及家务负责吗？
- 他的老师是否给了你关于他的积极评价？
- 他对长辈是否尊重？对同伴是否具有同情心？
- 他是否忽略了那些通常情况下被认为对全面发展有益的活动？例如：愉悦地进行阅读、户外活动以及独自去拜访友人。

除了孩子的综合成熟程度外，还要记得考虑孩子的性情。他是否

---

[1] 形容什么都不做只沉迷于网络的人。

敏感？你那 13 岁的孩子看了不该看的图片或者不该看的视频后会有什么样的反应？在网络上你可以获取任何想要的信息。家人应该讨论这些信息的价值，就允许青少年在网上做些什么一事，达成一致约定。

家长要经常有计划地重新制定约定。科技及其用途日新月异，学校每年都在调整自己的互联网政策。我们的孩子也成长得非常快，那些在三月份听上去安全的事情可能过了一个夏天就受到了限制。此外，家长也要从始至终遵守约定。不要假装给予孩子无限制的网络隐私权，然后又趁他们去学校的时候查看历史记录或个人主页。

2. 为孩子的不成熟保留成长空间

青少年希望拥有成年人的独立，同时也喜欢被当成一个孩子。就像小朋友一样，他们喜欢玩游戏。如果过路人不讨人喜欢或者看上去奇奇怪怪的，青少年可能会直接经过那个人，然后低声说道"你的团队"；如果对方可爱或者火辣，他们就会说"我的团队"。在音乐节、主题公园或任何一个大型青年聚会上，他们也许会随机挑选一个名字："杰克""迈尔斯""艾希礼"或"萨曼莎"，来玩"钓鱼"的游戏，直到一些人困惑地转过头。

他们喜欢性暗示。现在流行的一个说法是"Twess"，这是"That's what she said"的缩写。在自然博物馆之旅中，讲解员说："这是一把非常大的矛。"孩子 A 对孩子 B 轻声说道："Twess。"又或是在一节历史测验中，一个孩子喃喃自语："这太难了！"朋友回答："Twess。"当然，他们也在盥洗室开玩笑。一位妈妈发现儿子和他的朋友对着一个讨论全世界最大便便的网站哈哈大笑。

愚蠢吗？幼稚吗？当然，这也是一种非常有效的放松方式。这是他们从努力迈向成年人世界的艰苦工作中解放出来的方式。家长千万不要担心青少年的孩子气行为是一种人格缺陷，或者他们正在浪费本该用来改造自身的珍贵时间。家长不需要和青少年一起做愚蠢的事情，但你要确定，你并没有阻挠他和朋友待在一起。允许他们在一起消磨时光，在音乐节、商场或地下室浪费大量的时间，这既是尊重，也是公平。

3. 对无用的乐趣表示尊重

我经常让家长大声说出他们不情愿让孩子做的事情：

"看什么？"

"《恶搞之家》[1]（*Family Guy*）！"

"吃什么？"

"奥利奥！"

"做什么？"

"《侠盗猎车手》[2]（*Grand Theft Auto*）！"

"听什么？"

"坎耶·维斯特！"

1　一部无厘头风格的美国喜剧动画片。
2　一款以犯罪为主题的开放式动作冒险游戏。

然后我会说:"如果你准备让他们做这些事,就要学会接受它、欣赏它。"

问问孩子他最喜欢的视频或者最震惊的真人秀片段。家长要用一种友好、尊重的语气去询问这件事,将这种境遇想象成文化人类学或是秘密报告,不要冲动地把这看成一个能够帮助孩子脱离不成熟现状的教育时机。家长也许会想"我可以让他们看《全美超模大赛》",但同时也要抓住机会教他们媒体素养。然后家长可能会说:"你知道吗?如果芭比娃娃真的存在,那她将会有7英尺高,18英寸的腰围以及40英寸的臀围。事实上,她需要用四条腿来支撑这种奇怪的身体构造比例!"或者,在看《男人猜猜猜》的时候,家长会提供一些性方面的教学:"你知道吗?青少年平均每年在媒体上能看到接近14000个和性有关的东西,但其中只有1%谈论到节育、怀孕的风险以及性传播疾病。"

家长可以不时地表达一些有助于提高青少年意识的言论,但大部分时间还是请闭上嘴,什么也别说。如果家长允许孩子看节目,那就让他们安安静静地看。有时候,你也可以坐下来和他们一起看。抓起一把撒在桌子上的奥利奥,好好享受。这样做并不是一种放纵,而是对于孩子品味的肯定。

理解青少年熬夜现象

青少年喜欢熬夜。他们喜欢在所有人都睡着时,享受着清醒的自由、独立与隐私。在寂静和黑暗中,他们会有一股奇特的心理能量,

第 7 章 时间之福：为休息和娱乐腾出时间

就像置身于精神森林中。他们喜欢利用夜晚时间来放松，去发展自我意识和自我身份。他们通过短信或网络与他人联系，或者周末在对方家中聚会、看电影，一直聊天到清晨。

这些熬夜时间让身心疲惫的家长感到很困惑，对于青少年来说，则是他们的昼夜循环节奏所致。不断释放着荷尔蒙的生物钟让小孩与成年人在清早醒来，在夜幕降临时准备睡觉。但由于青少年的昼夜循环节奏发生了改变，他们很难在正常时间入睡。他们一般在午夜仍然保持清醒状态。然后通常情况下，他们一睡就睡到了第二天上午。青少年在周末睡得很晚，直到第二天中午或下午才起床，这并不是因为他们懒，而是因为他们正在倒时差。对青少年来说，按照在校时成年人的时间表生活，就像每天乘坐夜间航班从洛杉矶出发，清晨到达纽约一样。

青少年熬夜的自然趋势被他们繁重的学习任务夸大了。学校的作业每晚都要花好几个小时完成，如果青少年直到晚上 8 点还在参加戏剧排练或者网球练习，那他们就得到晚饭后才能开始做作业。青少年被剥夺了一天中的"自由放牧"时间，所以他们只有在晚上，在没有家长监督的情况下，腾出一点时间稍加放松。当家长一直监视孩子吃什么、喝什么、经常和谁一起玩、什么时候做作业、怎么做作业时，等于给了孩子另一个熬夜的理由。这就是他争取独立的方式。

家长在确认孩子的熬夜习惯是个问题之前，要先确定自己没有将睡眠不足的恐慌放到孩子身上。一些青少年并没有把平时的睡眠不足当成一回事，这也不会导致严重的后果。可能是周末可以补觉的原因，青少年并不像成年人那样害怕睡眠不足。与我们不同，青少年的睡眠缺失跟信用卡账单和工作压力无关。家长要学会把青少年的睡眠时间安排当成为上大学而做的练习——在大学里，很多学生都会保持这样的作息时间：熬夜，起床上课，中午睡午觉。

然而，对某些青少年来说，即使是少量的睡眠缺失也会导致生病或情绪暴躁易怒。更为严重的是，长期睡眠不足会损耗人的健康。就像小朋友如果缺乏足够的户外运动时间，那他很有可能被误认为注意力不集中一样，得不到充足睡眠的青少年可能看上去情绪低落，学习有障碍，甚至有躁郁症的倾向。如果你的孩子经常脾气暴躁、缺少动力、做事漫不经心，或者早上需要一个音爆闹钟才能起床，然后在课上不停打盹儿（这是缺乏睡眠的主要表现）的话，那他也许需要更多的睡眠。

当然，家长没法强制孩子去睡觉。但你可以帮他们创造一个助眠的环境。家长要确定孩子知道睡眠卫生的基本常识：下午 4 点后，他喝咖啡了吗？他有没有在周五、周六晚上熬到很晚，周日一早就睡了？他有没有在床上学习或看电视？最重要的一点是，他有没有分心去关注一些事情，因此保持清醒？像是科技产品，这个青少年得到允许用来放松的物品，同时也妨碍到他们的正常睡眠。家长要记住，每天晚上给孩子一定的时间去享受科技产品，但要设定一个时间点。我通常要求女儿在每晚十点半过后，将电脑和手机放到卧室外面，这就像告诉那些来参加派对的宾客是时候回家了一样。

如果青少年的家庭作业或者活动安排是导致他们睡眠不足的主要原因，那该怎么办呢？一些青少年尝试做很多事，如果他们承受住了短期内因疲劳而致的自然后果，这并不会造成什么永久性的伤害，反而有助于他们进入成年生活。但是，青少年也缺乏成年人的权衡能力，因为他们被限制在一个充满竞争的文化氛围中，也许意识不到持续超负荷工作的后果。在这些情况下，家长就得要求孩子适当地放弃一些课外活动，甚至放弃那些难度太大、负担太重的学校课程。

在一个以能上多少高级课程为标准来衡量青少年的世界中，让家长这样做确实很难。家长要对自己说："他太棒了，太厉害了，太有雄心壮志了，但我认为这样的做法正在损害他的心理和生理健康。"然后，对你那上高二的孩子说："我必须做点什么了。因为即使你自己还没发觉，但我能够看出你承受了多么大的压力。我强烈建议你休息一下，这个月的青少年服务热线暂时不要参加了。"或者"虽然我知道你很想参加两门高级课程，还有下学期的越野队，但我不建议你去。"

家长也要适当放松

养育青少年是一场持久赛而不是短跑。如果家长希望自己有能力指导孩子顺利走完与你分离的过程，那么当和孩子分开时，你需要有自己的时间。你必须确认自己能照顾好自己：好好享受朋友的陪伴；阅读除了成绩单、目录、大学宣传册以外的东西；听一些除了孩子声音之外的东西；尝一尝新颖的美食；调整自己，进入一个更缓慢舒适的节奏中。

我还建议家长去追求一些类似于安息日晚餐那样，能够改变你与时间的关系，让你全情投入以至于忘记时间流逝的活动。这种迷失在时间中的感觉就叫"放松"。克莱蒙特研究大学德鲁克研究院的心理学家米哈利·齐克森米哈伊提出了这一观点。他穷极一生都在研究怎么做能让人感到快乐，他认为参加一些让人感觉到放松的活动对于获取满足感来说非常重要。

那什么能让我们进入一种放松的状态呢？对于某些人来说，是运动、徒步旅行、集体祈祷、听音乐、玩乐器、创造艺术作品、烹饪、嬉戏或进行一场令人兴奋的性爱。为了进入一种放松的状态，你必须全神贯注地去做一件事，而不是分散精力做很多件事。

我最喜欢的放松方式是浮潜，这是一种确保让我摆脱时间和空间以及每日烦忧的活动。水下没有声音，你无法和其他人交流，当你的身体在水中轻轻摇摆时，除了色彩、灯光和游动，你什么都看不到。在水中，有些感觉受到限制，但有些却很活跃，达到一种非同寻常的状态，让你全神贯注于某一件事。但是像大多数人一样，我并不是住在夏威夷的海边，所以我也做园艺、烘焙，玩香蕉拼字游戏。除此之外，编织、慢跑、填字游戏，或者深入阅读，也是简单又可靠的方法，可以达到放松的目的。

在周围多找一找自己喜欢且能改变心理状态的方法。当你集中精力做一件非常具有吸引力的事情时，你会觉得放松，进而汇聚神圣的火花，充分利用现有的东西。然后，你会精神振奋地走出这个状态，回去与孩子在一起的生活。当安息日晚餐又一次到来时，你会有比孩子即将到来的英语论文更有趣的话题拿来讨论。

建立家庭"庇护所"

除了空出休息时间之外，家长还需要建立一个私人的、禁止孩子出入的自我空间。我最近和艾莉进行了下面的对话。艾莉是一个高挑、漂亮的14岁女孩，她的眼中闪烁着光芒。艾莉的妈妈苏珊带她来找我，看是否能纠正她无视家庭规则的坏习惯。

我："你妈妈看上去很难过。你觉得是什么让她变成现在这样的？"

艾莉："我去她的衣橱里面拿了几件衣服。"

我："然后呢？"

艾莉："我又拿了一回。"

我："立刻吗？"

艾莉："是的。"

我："为什么？有什么东西吸引你了吗？"

艾莉："我太喜欢妈妈的衣服，比我的好太多了。"

很明显，艾莉的妈妈并没有生气到去处理这一问题，例如：借东西的特权要视情况而定，并与合作联系起来。我从和苏珊的对话中得知，她很欣赏女儿穿这些衣服，因为这让女儿看起来非常漂亮，这些衣服比她给女儿买的任何一样东西都要昂贵。艾莉发现了这个双重信息，所以她不断地搜索妈妈的衣橱。但是，如果女儿不问一声就开始拿她的珠宝或者开她的汽车，苏珊会怎么想呢？如果艾莉带走的是妈妈的男朋友，那情况又会怎么样呢？

家长必须在自己与孩子之间划清界限。其中一条线就要划在卧室。把卧室变成一个有吸引力，能够为成年人提供庇护的安静空间。对孩子解释清楚，家长的卧室是成年人的私人空间。把门关上，要求孩子必须先敲门，得到允许后才能进入房间。关于借用衣物、化妆品或者使用盥洗室等，都需要制定相关的规则。

"庇护所"的概念远超出物质以及一般意义上的私人空间范畴，它包括你的情绪和思想。你有权利发脾气，不需要绞尽脑汁地去想一个很好的理由。你不需要告诉孩子每个决定背后的动机。孩子也不需要知道家庭的收入情况，为什么你不再去见那个朋友，你的性史，或者其他你不想透露的私人信息。

"庇护所"甚至包括长久以来你一直渴望做的事情，比如让孩子坐在你腿上的亲密举动。有时你会想："简直让人难以置信！一个青少年竟然想坐在我的腿上！我太激动了，这就像又回到了她小的时候。"但有时你可能又没有心情，这都是你的权利。你可以说："现在不行，等我有机会放松一下再说。"

或者，如果你的房子是友人聚会的场所，那你可以选择限制访客数量，即使你为自己的陪伴使友人感到自在舒适而喜悦。如果你剥夺了自己的空间和隐私，如果你变成了一个没有边界线保护的家庭殉难者，那你很可能会用生气、绝望、怨恨等情绪来回应孩子糟糕的坏情绪。保留一个"庇护所"，对于精神滋养有一定程度的作用。

抓住青少年提供的灵感

当孩子还小的时候，家长很容易透过孩子的眼睛看世界。你不会因为他们早上花了很久时间穿衣服，而来接他们的拼车马上就要到了而生气。你可以调整到他们的时间安排上，放慢脚步，欣赏他们多变的时间感。你也可以把手边的任务放一边，欣赏一把光滑石头的诱惑，或是孩子对于肥皂泡的痴迷。

青少年不可能像小朋友一样，给你提供一个通往平静祥和的时间静止之地的入口。但是，休息的目的并不只是放松，而是恢复。这里，青少年可以给你提供灵感。青少年可以提醒我们在恐惧、疲惫、退缩和迟疑中到底失去了什么。

在这里，成年人显得礼貌而麻木，青少年却是粗鲁又充满活力。青少年知道泡热水澡，穿上能够体现身体美的衣服，想睡多久就睡多久，兴致高昂地享受美食和饮料，放松，皮肤接触，与好朋友大打一架然后重归于好，暴力，温柔，听自己喜欢的音乐等事物有多么快乐。他们不会邀请你参加任何让他们着迷的活动，通常情况下，你也不会参加。但如果你谦恭地观察他们所擅长的、全心全意的放纵方法，你会发现自己又重新充满了能量。

第 8 章

经验之福:
把现实生活当成道德实验室

青少年从本质上来说是一个经验主义学习者。没有实验室和无数次反复尝试的话,他们就不能真正理解生物学,也就不存在真正意义上的价值传输。

家长希望孩子明辨是非，理解社会和家庭所设立的标准，做出尊重自己和他人的决定。但这是很复杂的事情。青少年从本质上来说是一个经验主义学习者。没有实验室和无数次反复尝试的话，他们就不能真正理解生物学，也就不存在真正意义上的价值传输。

所以，家长可以和青少年讨论家庭价值，也可以把他们送到利于个人成长的夏令营。孩子可以参加品格教育课，参加有关剽窃、欺凌、偏见、正直和自尊等的角色扮演情节。但是，就像小朋友需要用舌头舔冻住的管子才能验证某些理论一样，健康的青少年需要测试成年人道德准则的真正形状和形式。成年人说某些行动和态度是错误的，但青少年需要自己去探索这些境况的界限：什么时候，什么地点，怎么做，和谁一起做？我们真的知道自己在说什么吗？存在例外吗？

- 假如你是一个没有多少零花钱的孩子，你从商店偷东西后会怎样？假如你就在那家商店工作呢？后果是更严重还是减轻了？

第 8 章 经验之福：把现实生活当成道德实验室

- 你是一个很聪明的孩子，当你将历史考试的答案写在水瓶标签背面，然后用胶水粘回去的话，会发生什么结果？
- 假如你一直在包庇一个经常从其他孩子包里偷钱却从不偷你钱的朋友，会发生什么？
- 假如你本应该为邻居看家，最后却在他家地下室开了一场隆重的派对，会有什么结果？
- 如果你在商业街后面卖违禁品怎么样？
- 如果你把作业借给朋友抄会怎么样？

家长认为上述境况有些吓人，但这是普通、健康、合乎道德的实地考察。当青少年找到这些问题的答案时，他们就获得了对社会化行为准则的深刻而内在的学习。在某种程度上，每个青少年都会说谎掩饰、鬼鬼祟祟、考试作弊、在商店行窃，违反一些规则甚至法律。他们中大部分人都不想以后在狱中生活，他们不过是在做一些大大小小的实验。

对于青少年来说，与其等到成年时期犯更严重的错、承担更可怕的后果，不如现在就做这些实验。这一点很重要，尽管此刻他们仍然在家长的管辖之下。第一次发现孩子在道德上有不成熟的表现时，家长不要感到恐慌，如果你表现得慌慌张张，你就无法在孩子面前扮演一个沉着冷静又有能力的道德统筹者。

来自家长的道德陷阱

当你的孩子触犯法律时，家长要做的第一件事，是好好想想自己是否无意间在帮助或者教唆孩子犯错。就像猎人用树叶和藤蔓伪装成捕猎动物的陷阱那样，家长的道德陷阱通常会被其无辜的外表所掩盖。

1. 忠诚陷阱

过于忠诚的家长会把孩子不道德的行为归结为情有可原：把作弊归罪于技术不佳的老师或不公平的教练；将欺凌归咎于同伴太令人讨厌；把违反规则归因于体制规则太严苛或不懂法律。有次我在会议上发完言，一个学校管理者走过来，讽刺地说："在我还是个孩子的时候，如果一个孩子回到家抱怨有老师拿枪对着学生的头，他的妈妈会说，'你到底犯了什么错？'。"今天，钟摆已经朝着另一个方向摆得太远，以至于当学生违反规则时，家长会冲进来，剑拔弩张地要为施加在孩子身上的错误报仇，而不是为孩子所犯下的错误感到羞耻。

家长在认为迫切需要保护孩子不受他自己行为后果的影响时，有必要重新定义忠诚这个词。当家长对孩子找各种借口的行为表示支持时，或者当家长表现得好像这个世界太艰难以至于孩子离开你就无法生活时，家长只是忠诚于过去——孩子还是婴幼儿的时期。但当家长允许孩子去体验自己的错误行为所导致的痛苦，以及从痛苦中吸取经验教训时，你就对将来孩子能够成为一个独立自主且有责任心的成年人表示了深切的忠诚。

2. 和善客观的陷阱

有时候，比起成为孩子道德发展的管理者，家长更像是一个冷漠的治疗专家。"因为我丈夫工作变动,自从乔西上四年级,我们就已经搬了四次家,所以乔西必须学会以各种社会身份去适应新环境。我感觉他把在公交车上贩卖摇头丸,看成是在一个偌大又让人感到迷惑的中学里快速结交新同学的有效方法。当你站在乔西的角度看问题时,你很容易就可以理解他的错误。"

客观是好事,对有所怀疑的事情给予理解。但是,一旦过了一定的界限,你就会模糊真假、对错的概念。家长将孩子的行为合理化时,就不是在教他们照看好自己,而是在教他们进行自我妨碍,让他们相信自己头脑简单、缺乏自制力,又或是学不会如何在不违反规则的情况下好好生活。

3. 娱乐陷阱

家长会对孩子的违法行为感到高兴吗?他们的狂欢会把家长带去一个从未体验过的世界,甚至带来美好的回忆吗("啊,我们大四的时候还在用除草剂在足球场上写下毕业年份。")?一个父亲曾微笑着和我说:"在大学的时候,我吸食大麻,所以和奥列弗一起抽烟也不是什么大事。"

如果家长为孩子的行为感到很高兴,太自信地认为孩子目前的表现将会成为他们40岁时一段美好的回忆,那么家长就会缺乏一定的威严感。家长说不出孩子需要听的内容,类似于"你疯了吗"。即使家长对孩子的行为表达了不赞成的态度,你的眼神也会出卖内心的真实想法。

4. 替罪羊陷阱

一些身处麻烦漩涡中的家庭，会在不知不觉中把孩子当成替罪羊。在家庭治疗中，"已确诊患者"指的是具有某些群体症状的家庭成员。"已确诊患者"会为了掩护家庭问题而表现出情绪低落或反社会行为。这些家庭问题可能是很严重的问题，比如家长对某种东西上瘾、出轨或虐待；也可能是没那么严重却具有长期性的问题，比如对婚姻失望；还有一些未成文的规矩，比如"从没有人说你爸脾气不好"。

就像所有的替罪羊一样，"已确诊患者"也有另一个功能。他能提供源源不断的话题和团结感，从而将其他家庭成员紧紧联系在一起。当治疗师给"已确诊患者"治疗时，他会渐渐好转，但是新的症状会有预见性地出现在其他家庭成员身上。症状会不断出现，直到家庭问题的根本原因得以揭露。

对于一个重组家庭，尤其是家庭成员还没有适应新环境时，大家很容易责备"已确诊患者"："那个男孩懒惰、鬼祟、不知感恩、没有责任感。你总是护着他。如果没有他的话，我们会相处得非常融洽。"好吧，但是在现实生活中，组建一个新家庭是一项很庞大的工程。

5. 疲劳陷阱

管理和引导青少年是一项工作量惊人的工作。这项工作就像全天都在使劲追着一个蹒跚学步的孩子那样累人，但是家长所能得到的回报却远远比不上拥抱一个可爱、知足又迷人的孩子那样迅速。有时，家长会刻意降低青少年消极行为的影响，这样他们才能避免和孩子相互对抗由此造成可怕的后果，并且日复一日地强制执行关于后果的处罚措施。如果家长花费大量时间给自己制造繁忙的工作、上网，或者与朋友、老师八卦自己的孩子，而不是当着孩子的面谈论，那你就是一个懒惰的家长。这是可以理解的，毕竟相比于当面争吵，上网更能避免冲突，甚至你可能告诉自己你并不生气。但是，避免冲突本身是非常累人的事，这样做最终只会教出一个油滑的孩子。

你以前掉进过这些陷阱里吗？或者掉过不止一次？不要再浪费时间埋怨自己曾经有多失败了。我们都失败过。继续前进吧，向下一步迈进——也就是转变策略。如果家长过于忠诚、宽容，甚至会被孩子的糟糕行为逗乐，那你就是在助长孩子的恶习。如果家长怀疑孩子可能会是一名"已确诊患者"，那就需要给孩子更加开放、更加自由的空间，并且向治疗师寻求指导。如果家长疲于面对自己的孩子，那就需要停下来，评估一下自己的资源，寻找让自己重新振作的方法。然后，你才有动力走下一步，即做好准备，惩罚孩子的越轨行为。

家长要克服对自然后果的恐惧

进行道德实地调查的青少年，除非自己的错误决定受到惩戒，否则他们不会了解社会的规则。当孩子表现得异常糟糕时，家长必须施加一些惩罚措施。

许多家长对惩罚都抱着心烦意乱或者困惑不解的态度，尤其是当

放手，才能强大
The Blessing of a B Minus

你的父母在过去实行的那一套纪律准则看起来更像是报复而非有效的教训时：

"你抽烟了？来，让我们看看你吸完一包烟后有什么反应！"

或者，当他们谴责或者贬低你而非你的行为时：

"回自己房间，好好待在那儿。你让我觉得恶心。"

或者，当你没有受惩罚，最终却感受到羞辱而非鼓励时：

"看你的成绩单，完全没有惊喜。"

但是，如果能对孩子违反规则的行为或错误进行处罚的话，这会是一个很棒的教学工具。它可以传达出："哦，你没有考虑清楚。你那糟糕的选择让我们白白遭受了巨大的金钱损失，伤害了我对你的信任，或者我们家在社会上的名誉，又或是小看我摆脱忧思及惊恐的能力，对此，你必须做出弥补。"

自然后果教会孩子：不是那里、那时、那样，而是在这里、此刻、这样。家长要怎样既保持一种爱的联系，同时又给予青少年一个教训呢？

第8章 经验之福：把现实生活当成道德实验室

教导孩子"悔改"

"悔改"一词在希伯来文中是"teshuvah,"，也就是"返回"的意思。它本身带有一种观点——罪人只是迷失了方向。拉比相信，减少伤害并从错误中吸取教训的最佳方法，是无论罪人有多出格，都要让他们回到正轨。现代犹太伦理学家、拉比约瑟夫·特鲁斯金引用了13世纪著名拉比约拿·吉隆迪的慧言，如是说：

> 悔过的罪人应该尽力去做善事，无论他犯了什么罪，现在都要成为一个良善的人。如果他的脚已经犯了罪，那现在就让他行善吧。如果他的嘴说了假话，那就让他对智慧敞开怀抱吧。沾满罪恶的双手，现在应该回归慈善，制造麻烦的人现在应该成为制造和平的人。

家长在教育孩子怎样悔改时，应该把他带回到他自己引发的问题本身，这样一来，他就能找回自己曾经失去的东西。自然后果会产生相互作用，例如：超速会得到罚单；继续超速，就会吊销驾驶证。但是，悔改能够超越自然后果。悔改将不义之举转化为自知和力量。拉比说，相比于那些没有犯罪的人，已经悔过的人知道什么具有诱惑力，也知道下一次不该做什么。悔过的人已经成熟，深深懂得懊悔的含义。

家长要依据需要返还家庭或社会什么东西，来决定对孩子错误行为予以合适的悔改教育，打个比方：信任、时间或善行。悔过并不难：

"你说你会按约定去和牙医见面，但实际上你并没有去。现在立刻打电话给施密特医生，向他道歉，然后自己重新去预约。"

"没在宵禁前回家？那下周你必须待在家里，这样我们就能准确地知道你在哪，也不需要为你担心。"

"你和你朋友把房间弄得一团糟，必须去打扫干净，周日要帮我一起打扫阁楼。"

在严重违反道德的情况下，悔改则意味着需要投入更大的努力：

"我们很伤心也很失望，你竟然在我们出城的时候举办派对。你要把房间打扫干净，用自己的钱赔偿损失，我们还要你打电话给来参加派对的朋友的父母，为自己将他们的孩子置于危险中而道歉。"

当另一个成年人或者机构管理员对孩子进行惩罚时，即使结果很让人心痛，家长也要表示自己赞成这种惩罚。同时，你也要补充表达自己的悔改之心：

"斯坦利先生说因为你在测验中作弊，所以他要给你低分。这是学校方面的惩罚。但是，为了纠正这个错误，我们要求你自愿参加课后辅导班，每周两次，为期一个月。"

第 8 章　经验之福：把现实生活当成道德实验室

"德鲁，我们会和你一起去法庭，站在你身边，和你一起听法官对你商场行窃的判决。但是无论法庭上发生了什么，我们都要你去挽回我们的家庭名誉损失。你会去做 20 个小时的社区服务，打扫商场周围的绿化带区域。"

虽然青少年将自己视为全宇宙的中心，但他们也充满活力，满怀信念。悔改能够让青少年更好地去利用这些优秀的品性。通过对自己错误行为的悔过，青少年的道德发展会更加成熟。

成为行动派家长

帮助孩子悔改并不意味着长篇大论。在《放下孩子》一书中，我描述了一种温柔的口头斥责，以及解释不当行为对孩子的重要性。当家长对孩子进行斥责时，孩子常常大哭，或者看上去很羞愧；即使他们为自己辩护或者责备自己的姐妹，你也会感觉他们把你的话听进去了。但有时，青少年会对家长的斥责不屑一顾。更糟糕的是，他们可能会巧妙地与家长进行辩驳：

"从盖普那边拿一小瓶身体喷雾有什么错呢？他们的东西太贵了，每次我买 T 恤时都感觉他们在偷我的钱！我只是以牙还牙而已。"

"55！每小时 55 公里，爸爸！这简直太不可思议了。如果你用这个时速开车，即使你在正确的道路上行驶，大家也会超过你的。而且当时我的车前面根本就没有人，也没有车。但我却得到了一张罚单，这简直烂透了！"

"我以前从没做过这样的事，所以我完全不能理解为什么你们要大惊小怪。难道我过去的行善没有意义吗？我以前就是太好了，那就是问题所在。现在只要我做一件错事，就好像世界末日到来一样。"

听到这种回应时，家长就不可避免地卷入了人文主义当中。你的孩子以"但是"为开头说了一句话，家长就立马冲向"法庭"，为自己的立场进行辩护，此后再也没有回到问题本身上（"但是妈妈，你说……"）。或者，家长增加筹码，仅仅是为了确保已表明自己想说的话。我之前治疗过一位母亲，当时她沮丧到几乎快要崩溃。她告诉她的儿子："你完全毁了我的生活，现在开心了吗？"她并不想羞辱自己的孩子，虽然这句话和羞辱的效果一样。她只是觉得儿子看起来毫不在意，因此感到非常沮丧。

家长在表述惩罚措施时，务必确保你们讲清楚了这个问题，但不要过于教条化。一般情况下，青少年在听完两句话后就完全不想理你了。他们是行动派，所以家长为了能和孩子有效地交流，也必须成为一个行动派家长——简单又清晰地下定义，忽略孩子的反对和抨击，然后对孩子解释清楚"悔改"的含义，进行修订，最后要求孩子照做。

第 8 章　经验之福：把现实生活当成道德实验室

贯彻悔改教育

悔改要求青少年在各个方面作出牺牲。你的孩子必须放弃一些事，比如自由、乐趣、金钱或时间，家长也一样。家长必须在选择了惩罚措施后，好好监督自己。如果你的孩子被禁足，你也一样。如果孩子的悔改方式是下午上辅导课，那你可能需要开车接他回家。但如果没有去贯彻执行的话，悔改也就只是表面上充满好意，实际上极其空洞的宣言而已。所以，家长开始宣布惩罚措施之前，请好好检查一下自己在下面这些领域中具有哪些弱点：

- 你是否特别忙碌、健忘，或者容易混乱，以至于常常忽视为了弥补过失而设定的计划？（如果是的话，那你的孩子就只会把你的责备不当回事。）

- 你是否鲁莽行事，在怒气冲冲地给出严厉惩罚后，一会儿又收回？是否感到生气能让你获得强烈的精神满足感，以至于你认为自己那激烈的长篇大论等同于严明的纪律？（事实并非如此。你的孩子只会把它当成"家长发脾气"。）

- 你会不会经常翻旧账、找麻烦，絮叨孩子过去所犯的错误，或者说"你总是""你从来不"？（这样做并不能激励孩子不断提升自己，反而会打击他们的自信心。）

- 你会不会先做出一个惩罚性"手势"，然后又非常害怕这样做会破坏你和孩子之间的亲密联系，以至于最后你发现自己没有惩罚孩子而是正在带孩子吃冰激凌？你会让孩子用乞求、申辩、奉承，或者让你分散注意力等方法来免于惩罚吗？（如果是这样的话，你就是在教孩子用自身肤浅的魅力去操控他人。）

贯彻执行对孩子不良行为的惩罚，也许比提供舒适的衣物、营养的餐食更加艰难，但这同样非常重要。就像让你的孩子时刻感到温暖、被保护、衣食无忧一样，贯彻执行某个计划（或惩罚措施）也表达出了你的爱与承诺。

超越惩罚：与孩子共同面对"恶的冲动"

犹太人清晰地认识到，悔改对于那些参与测试社会极限的孩子来说非常有帮助。但是，犹太教育同样也描述了一种恶行的根源，而这不能用简单的道德实践来解释。这就是我曾经在第 5 章中所阐释的观点——"恶的冲动"，这种倾向存在于我们每一个人心中。虽然家长都很希望自己能消除孩子身上的"恶的冲动"，但我并不建议这样做。古代拉比认为虽然"恶的冲动"会给我们造成不小的麻烦，但它同样是生命之光，这种生命之光极有可能带来辉煌的成就。消除了"恶的冲动"，也就等于消除了孩子的精神灵魂。

"恶的冲动"在不同人身上会有不同的体现。它在你孩子身上的体现可能是令人感到陌生、奇异或者恐惧的，但家长一定要带着好奇心而非偏见去接近它，因为这其中蕴藏着无限的可能。就像火一样，

"恶"可以用来行善，也可以用来作恶；必须受到保护与尊重，但不能被扑灭。家长的任务是帮助孩子学习如何用自己身上的"恶的冲动"去达成最完美、最崇高的目标，这是一种创造，而不是毁灭。

随着孩子渐渐长大，这个过程也会变得愈加让人害怕。在小孩子心里，"恶"的火焰只是一把小火苗，耍性子、屏气、咬人、说瞎话、抢夺、打小报告都是一些小打小闹的问题，有些家长可能还想把这些发到视频网站上。但是在一个青少年心中，"恶"就是一场四级火警。它会破坏你的成绩与荣誉，烧毁孩子通向未来的桥梁。

那么家长要如何尊重并保护孩子心中燃烧着的恶念呢？怎样去保护孩子的创造力和热情，同时也帮助他们成长为一个具有责任感的成年人呢？当你的孩子对你说谎，然后因为要圆谎又接二连三说出更多谎话时，当他让家庭蒙羞或者贬低自己时，当他欺骗或者偷窃时，家长要想尽一切办法对孩子施加惩罚。

但我也建议家长直视孩子的"恶的冲动"，慢慢地去了解它，了解它好的一面，然后加以利用。这一过程从家长鉴别孩子"恶的冲动"的独特性质开始。

1. 阿米莉亚的性之恶

关于阿米莉亚某些行为的言论，在大家的口耳相传下，终于传到了阿米莉亚家中。15 岁的阿米莉亚在派对上和两个男生亲热约会；她也并没有像自己所说的那样，放学后在图书馆学习，而是整个下午都在联谊会会堂宿舍，和一个 18 岁的男孩尼克混在一起。

阿米莉亚的父亲杰夫对她说的谎话感到非常生气。她的母亲罗瑞尔对女儿的滥交感到很羞愧,一直在责备自己:为什么阿米莉亚要这么低贱地出卖自己?他们的家庭中到底缺失了什么?当然,家长很担心阿米莉亚的性行为会对她的健康和名誉造成一定的影响。

当我和杰夫、罗瑞尔讨论这个问题时,他们同意要让阿米莉亚进行悔改。因为阿米莉亚谎报了自己的行踪,她必须和家长坦白自己过去曾说过的那些谎言或者半真半假的话。更具体一点,阿米莉亚被禁足一个月,在此之后,罗瑞尔和杰夫将会重新评估阿米莉亚的信任度。但我也解释道,我对另一个方面也很感兴趣——追寻阿米莉亚的"恶的冲动"的特点。

开始这个过程时,我通常会询问父母,在孩子还小时,什么东西能够让他开心。他看到沙滩上的浪花或烟花会开心吗?音乐一播放,他会突然开始转圈或者唱起来吗?他喜欢切、剁东西吗?他喜欢那种看上去有肉欲或者性感的东西,像是天鹅绒毛毯、裸奔、偷偷看一些禁止观看的东西吗?他喜欢闲逛还是探险?他的房间非常脏乱还是井井有条?他表现得像周围孩子的领袖一样,组建团队,然后给每个人分配任务吗?或者他喜欢扮演小丑来博得大家一笑吗?他是不是更喜欢舒服地用毯子把自己和最喜欢的三个玩偶紧紧地包起来?他是一个充满好奇心的孩子,会一直问"为什么人们那样想""万物怎样运转"吗?这些答案可以帮助家长重塑孩子目前的问题行为,生动而新颖地阐述青少年的最佳特质。

我问罗瑞尔和杰夫,当阿米莉亚还只是一个活泼乐观的幼儿园孩子,在荷尔蒙、学业和社会压力开始扰乱她之前,她喜欢做什么呢?他们花了一点时间去沉思,然后故事开始显现出来。阿米莉亚喜欢玩培乐多彩泥。她和表姐妹沉迷于制作小小的冰激凌甜筒,然后摆在一

第 8 章 经验之福：把现实生活当成道德实验室

起整齐地旋转，捏出装满豆子和玉米的盘子以及裹着热狗的面包，边上放着已经折叠好的波点彩泥纸巾。阿米莉亚还特别喜欢她的娃娃玩偶玛丽，说玛丽经常感冒，需要轻轻摇晃才能入睡。

罗瑞尔和杰夫开始慢慢喜欢他们回想中的那个感性、有教养又充满想象力的女儿，这恰恰是现在这个肆意挑衅以及性方向发生偏差的孩子的反面。我们在理解阿米莉亚的"恶的冲动"这条路上取得了一定的进展。

就像你要尝试找到隐藏在《魔法之眼》的海报和书籍中的三维图像一样，鉴定青少年的"恶的冲动"的特点一事从表面看来颇为棘手。你要用一种并不熟悉的方式去调整自己的观测模式。首先，你只是看到了一些表面上普通的几何图形，但是当你打破固化的外在形态、超越图形本身去看的话，你就能置身于一个全新的景象中——一只恐龙！七只浮在水面的天鹅！许多五光十色的玻璃珠子！

所以就像杰夫和罗瑞尔一样，当你的视域被愤怒和气馁所限制时，赶快停下来，看一看四周。眼前不熟悉的风景也许会让你眼花缭乱，但其中也包含导致孩子出现各种麻烦的智慧、勇气和精神。要尝试用更好的维度去看待这些事物。就像杰夫和罗瑞尔能够直面阿米莉亚的性行为，然后看到孩子内心深处的可爱与教养一样，对于孩子造成的大问题，你也可以用另一种眼光去看待。

有些家长可能会抱怨，"我儿子带着一群朋友超速行驶，但他的初级驾照严令禁止他六个月内载客驾驶。他得到了一张超速罚单，但幸运的是，他的驾照没有被吊销。还有，他这个月已经有三次超过宵禁时间还在外面玩"。但有时这种行为也可以变成回忆孩子天性的一条线索：他会因为浪花和烟火而高兴。

当然，还有一些其他的可能：

- 我们发现马尔科姆上周五晚上和他的女朋友待在一起，坐在一辆停在湖边的车里，看着史酷比卡通，吃着棉花糖。当我们问他当时在想什么时，他说："特别有意思，就好像在野营一样，又或者我们就像无家可归的人。怎么说呢，还是很像的。"——他喜欢舒服地紧紧裹进被子里。
- "她对我说谎。她说她在一个朋友家里，但实际上却和朋友一起去参加派对了，还是我们都不认识的人举办的。"——她喜欢漫步和探险。
- "他在考试中作弊被抓。他从不学习，而是和一群蠢笨的朋友一起做愚蠢的视频。"——他喜欢扮演小丑逗人开心，喜欢成为人群中的焦点。
- "我们发现她在网络上欺负其他女孩。"——她是一个孩子王，经常组建自己的团队。
- "在成绩单的评语里，他的英语老师写道，'他和同龄人之间相处得并不好'。在家长会上，老师告诉我们，孩子太固执了，以至于他的行为非常鲁莽。"——他有强烈的好奇心，一直在问"为什么"或"怎么会这样"。

一旦家长回忆起孩子童年时期的"恶"中那些良善的特质，比如喜欢转圈、奔跑、逗人开心、善于提问，那么家长就会开始运用这些特质，帮助孩子将"恶的冲动"引导向一个更加富有成效、更令人满意的方向。

2. 引导"恶的冲动"

当孩子身体内的恶的因子独一无二又活力十足，而且已经具有建设性的发泄出路时，他们会做得非常棒。我的一个朋友把车库围了起来，便于她那个整日发出嘈杂声响的儿子可以放肆地打鼓。一个大胆的"坏小孩"可能喜欢在滑板公园旋转、空翻以及打开他的长板。那么阿米莉亚呢？除了和那些对她并不重要的男生混在一起之外，她的才能与性格倾向的出口在哪里呢？

我与罗瑞尔、杰夫一起思考了这个问题。做个临时保姆怎么样？在那个角色中，她既可以像女王，又可以服务于他人。"阿米莉亚来了！艾莉，快看，她扎了个小辫儿！阿米莉亚，你好像从来没有这样扎过，对吧？我们今晚为茅斯先生和露西太太做一顿彩泥晚餐吧！"或者，去剧院怎么样呢？满足她想要被仰慕、成为万众瞩目的焦点的愿望。艺术课程行吗？烹饪学校呢？我们想了又想。然后我提醒罗瑞尔和杰夫，我们面对的是一个脾气暴躁的青少年。

3. 避免强行售卖

青少年会保护并忠于自己的"恶"，因为他会把它当成自己个性中非常珍贵的一面。如果杰夫对阿米莉亚说："我们一起给你的才能找一个良性的发泄口吧！"她很有可能回答："不用，谢谢。"青少年会很自然地怀疑家长的各种建议，尤其是那些看上去就像在说"你有一些不好的品质，我们想帮你尽快摆脱它们"的建议。为了将"恶"引入一条全新的道路，家长需要有智慧和毅力。这对孩子的自恋主义也有帮助，所以要让孩子清晰地明白你的意图。

罗瑞尔建议阿米莉亚参加春季音乐剧的试音。阿米莉亚回答道："我不喜欢那些演戏的孩子，一个都不喜欢，他们实在太欢快了。"阿米莉亚对临时保姆的建议是这样回应的："恶心。小孩子会呕吐，还要给他们更换脏兮兮的尿布。"

然后，罗瑞尔放弃这种直接推荐的方式，她会不经意间提到在市中心开了一家陶瓷工作室："我计划中途去看一看，他们是不是想通过拍卖来给学校募集资金，回家的路上我会经过商场，如果你想看看新鞋子的话，我很乐意带你一起去。"

阿米莉亚兴致索然地回答道："好吧，那我去一下。"

只要达到陶瓷工作室后，罗瑞尔就会试图将她与店员之间的对话拖得久一些，让阿米莉亚自己去参观那些陶器。在她们离开之前，阿米莉亚决定报名参加一个班，但她也提醒罗瑞尔："我不一定会喜欢。"

陶艺课程第一周，阿米莉亚说："其他孩子都很奇怪，我并没有在开玩笑。那里没有一个正常人，我不知道他们从哪里找来的孩子。我一直在等他们一起唱'九十九个气球'。我们一个月都不会用到转轮，就是一直在做黏土蛇。简直就像无聊的幼稚园。"

第二周，阿米莉亚说："好吧，我觉得有个女孩子还不错。"

第三周，阿米莉亚说："我非常喜欢那里的两个女孩子，我们在一起做很炫酷、很高的盘绕式烛台……我做了四种不同高度的烛台，它们就像一家人一样……下周开始，我们要学习捏茶壶。市中心准备承办一场'包豪斯英国陶艺展'，我们今天下课后还帮忙拆板条箱了。"

第四周，阿米莉亚说道："转轮太复杂、太难了。这个世界上有两种人，一种是一点就通的类型，还有一种是怎么学都学不会的人。"

第十周过去后，阿米莉亚说："工作室在十二月份的时候会有一场学生作品展，我的烛台家族作品也会在其中展出，你和爸爸能来吗？我们能邀请爷爷奶奶一起来吗？"

我们几乎花了一整个学期来引导和等待，最终阿米莉亚在手工艺中心而不是尼克联谊会会堂找到了适合她施展创造力的出口，找到了她的第二个家。

为后退做准备

迈克尔·瑞斯尼克是明尼苏达大学儿科与公共卫生专业的教授，他将青少年描述为"亟待开发的资源，而不是要被解决的问题"。与有"恶的冲动"的人交朋友，意味着家长需要敞开心扉去接受孩子的才能和癖好，即便那不是你希望孩子拥有的东西。为了帮助孩子引导他自身的"恶的冲动"，家长需要把自己从为孩子创造的生活幻象中分离开来。这种方式让家长能够欢迎任何一个由"恶"所带来的满身泥泞的宝藏。

有时候一个已经得到良好引导的"恶"会激起青少年对某些可能让人感到畏缩的事物的狂热之情，比如：死亡金属、啦啦队、素食主义、触身式橄榄球、预备役军官训练团、人群冲浪，甚至是一季又一季在校园音乐剧中扮演的小角色。这时家长只需要保持微笑，对孩子所做的每一件事保持好奇心，要克制自己质疑孩子的冲动，比如说"你怎样在大学申请书里面描述这种活动？"。

家长也要记住，今天"恶"的面貌很有可能不会是你下个月或者明年看到的样子：

"嘿，妈妈，我正在给学生新闻报做设计。不，不是那一份，是另外一个地下报纸。我们的座右铭是'没有权威的责任就是奴隶'。马特的父亲认识一个为美国公民自由联盟工作的律师，他会帮助我们反对政府颁发的禁令。很显然，这项禁令侵犯了我们的第一修正权，每个人都可以看到这一点。"

就在那个时刻，家长可以对自己说"你真讨厌"。家长要经常说"你真讨厌"，然后不断提醒自己：所有或公开或隐秘的报纸都需要才华、灵感、努力与付出。"恶的冲动"是多变、多彩、与众不同、非常出色的东西。

有时也要注意外部反馈

有时候，青少年的不道德行为完全无法用道德实践或者普通的"恶的冲动"来解释，尤其是当他的选择很明显地表达出他需要外界帮助的时候。

健康的青少年会将自己的过错推卸到他人身上，在真话中掺杂一些谎言，更喜欢迂回而不是直接拒绝，爱发脾气，尽一切努力去避免他们觉得很繁重的任务……但他们并不是一直都这样。

家长要注意，你的孩子说话时是不是经常以"我不知道为什么这样"开始，在结尾则声称自己因为某些没有做过的事情而受到责备，或者他并非有意的，又或者这不是他的责任。同时，你也要注意这些时刻——类似于"糟糕的巧合""我猜这只是一场发生在错误的时间、错误的地点的事""歧视"的解释变成了孩子应对各种麻烦的反射性反应，比如：

"我不知道为什么我的自行车（或者手提电脑、手机）又被偷了！"

"我不知道为什么聚会上的这个混蛋和他两个朋友打架，而我却不得不自卫。"

"我不知道为什么被禁止进滑板公园。"

"我不知道为什么金先生说我已经四次没交作业，我明明交了的。大家都知道他一直丢东西，你们可以去问问。"

"那个女孩整个晚上都在追我，可我并没有强迫她去做不喜欢的事情。"

"我没有故意伤害他（弟弟、狗）。我们只是在玩闹而已。"

长期而持续地不对自己言行负责的青少年并不常见。家长或许对孩子的某些极端行为习以为常，以至于他们不再去关注这些。如果你孩子的问题超出了青少年实验的正常范围，最可靠的数据可能来自外部，特别是老师。与青少年一起工作的专家都有着长远且宽阔的视野。所以，如果你孩子的老师表明孩子有些问题，请家长务必严肃对待。同时，家长还要注意来自其他人的信息。当弟弟妹妹害怕单独与哥哥姐姐相处，或者朋友不再理会孩子时，家长要仔细地评估这个情况。

但你也要注意自己的反应，要意识到如果家长都害怕自己的孩子，那是非常不正常的现象。例如：孩子在家时，你要把钱和贵重物品都锁起来；或者家长觉得要避免家庭度假，因为孩子会给其他人带来痛苦。在这些情况下，孩子的行为也许就是一个求救信号，而相关的专家治疗会帮助家长破译这一求救信号。

家长是孩子的榜样

"如果家长真心希望孩子做某件事，那你自己就要在孩子面前做出表率，孩子会以你为榜样，否则他不会去自学的。"我总是这样告诉那些来听我演讲的家长。因为相比于告诉孩子应该怎么做，为孩子树立榜样的做法是非常艰难的。在所有我们想要树立的榜样之中，带着诚意的实践最为重要。

我在去全国各地的学校期间，听到了一些有关家长借着帮助孩子的名义去做不道德事情的故事，比如：

> 一位大学就业指导老师打电话给一个家庭，讨论他们的女儿在第一志愿的选择上，是否应该换成提前决定，这样成功的可能性才会更大。家长很快就回了电话。
>
> "家长回电话回得很快。我感觉就像是白宫的紧急电话一

样。"她告诉我。回电话的是学生的父亲。电话里传出了一些奇怪的噪音,这让他的声音听上去不是很清晰。

"那些噪音是什么声音?"我的指导员朋友问道。

"哦,没事。"这位父亲很快向老师保证,"没事,我可以说话,我正在做结肠镜检查。"

老师听完对方的回答后,既生气又无奈地表示她希望改天再详谈。

另一位父亲假装成自己的儿子给孩子的老师发送了一封电子邮件,就某次英语期中考试的分数提出异议。他并没有成功,因为老师很清楚自己学生的写作风格,并很快意识到发信人是冒名顶替的。

另一所学校的指导老师告诉我,她打电话给一个高年级学生,恭喜这个学生完成了申请书的修订:

"我看到你决定在申请中添加你和表姐的那段经历了,我被深深地打动了。"老师说道。

"什么?"

"你带着患有自闭症的表姐一起去大峡谷的那场旅行。"

"哦,天呐。"这个女孩的声音渐渐失去活力。突然间,她的声音听上去就像一个极度厌世的成年人。"我知道发生了什么,我自己会处理。"原来是她的母亲重写了文章,把这个故事添加进申请书,却没有告知女儿。

"可怕的是这个女孩立马就知道她的母亲做了什么。"老师告诉我,"这个女孩说'又来了'。"

放手，才能强大
The Blessing of a B Minus

当我在演讲现场使用这些案例时，现场的听众都对这种糟糕的行为表示恐惧。然后我告诉他们："从这些极端的行为中很容易看出家长的愚蠢，但是我们其他人呢？我们违反了哪些规则？我们给自己找了哪些借口？这又会对孩子造成什么样的影响？"

青少年看起来并不怎么关注自己的父母。他们好像心事重重，老是低着头玩手机。但家长不要被这些表面现象所欺骗，青少年一直都在研究和学习你的每一个行为。他们能很快找出你的虚伪之处，并且利用它为自己关于对错的定义辩解。

青少年并不像小时候那样，喜欢一直和家长待在一起，所以家长可以好好抓住这一空闲时间，用它来研究一下自己的言与行之间到底有多大的差距。

- 你是不是违反过校车上下车的规则，却希望孩子能够遵守这一规定？
- 你有没有鼓励一个12岁的孩子谎称自己只有11岁，以便获得一张低价电影票，但在发现孩子偷窃时却会感到非常愤怒？
- 你是不是会对孩子大喊大叫，但如果孩子对大人提高嗓门说话，你就会感到很生气？
- 你在八卦朋友、家人、邻居或是学校的工作人员，却希望孩子能善待自己的兄弟姐妹？
- 你是否要求孩子节俭，却在度假、自己的衣物或者电子产品上开销过多？
- 当有一个更吸引人的机会出现时，你有没有说过你生病了，没办法去工作或者参加社交活动……但你却希望孩子在毕业学年每天都按时上课？

在行为道德学这门课上，孩子是一个非常不情愿学习却又天资聪慧的学生。作为家长，你需要根据他们的"恶的冲动"的特质为每个孩子制定课程计划。你需要不断尝试，决定哪种方法能最有效地让孩子勇于表达自我意向，同时又对自己所犯的错误进行弥补。家长在确定课程、撰写与修改、在必要时咨询专家的帮助等方面，付出了很大的努力，但回报不会立马可见。

圆圈制造者霍尼的故事最能说明这个道理。潘妮娜·施拉姆，一位讲故事大师、犹太民间故事收集人，在她 2008 年出版的《饥饿的衣服和其他犹太民间故事》一书中，讲到了这个故事：

> 某天，圆圈制造者霍尼走在路上，他看到一个老人正在种角豆树。和这位老人家打过招呼后，霍尼问道："这棵树需要过多久才能结果？"
>
> 老人回答道："70 年。"
>
> 然后霍尼问老人："你觉得自己能活到可以吃上这棵树结的果子那时候吗？"
>
> 老人回答道："也许不能吧。但是我发现，我出生以前，我父亲和祖父就种下了那些角豆树。就像他们为我种树那样，我正在为我的后人种树，让他们可以吃上果子。将来，还要靠他们为后代种下更多的树。"

放手,才能强大
The Blessing of a B Minus

当家长承担着给孩子种下正确价值观的艰巨任务时,家长其实是在为后人的生活投资。我们传承给孩子的道德伦理也会是他们要传给后人的。我们希望孩子诚实、有同情心、有耐心、勇敢并且体贴待人。所以,如果你正在做结肠镜的检查,我们希望你可以让学校的指导老师等一等,容后再议。

第 9 章

放手的勇气

家长要有足够的信心放手。虽然在养成了鼓励、引导、支持和照顾的习惯之后,你可能很难撤退,很难继续前行,但终有一天你会做到!

以撒在祝福了自己的儿子雅各后，就和瑞贝卡把孩子送走，让他自己去找一个妻子。出门旅行的第一天，年轻的雅各一直走到太阳下山。筋疲力尽的他正准备睡觉，他拿起一块石头，枕于头下方，在夜空下睡着了。那个晚上，雅各做了一个生动的梦：一个梯子立在地上。并且根据《创世记》的记载，"梯子的头达到了天！天使在梯子上，上上下下"。接着，上帝出现在雅各的梦中，说："记住，我与你同在。无论你去哪里，我都会保护你。"当雅各醒来时，他被这些忙碌的天使以及上帝对他说的话所震撼。

拉西是中世纪最著名的《摩西五经》评注家，他把雅各梦中出现的天使解释为"sar"，就是受保护者看不见的保护天使。拉西对属于巴比伦王国的上升天使，还有陪伴雅各来到生命中这一刻的下降天使做了一点区分。当雅各到达家乡的边界时，一个梯子出现了。因为上升天使被保护雅各前往以色列冒险的天使所取代。

第9章 放手的勇气

当青少年出发去上大学，或是进入休学年，或是参加高中毕业后其他形式的冒险旅程时，他们通常都充满期待。青少年也许会有担心，但是从父母的监督和干涉中解脱出来的景象让他们无比兴奋。

然而，在旅程开始后不久，青少年就会开始怀疑自己的旅途生存技能。当夜幕降临时，他们会发现自己筋疲力尽，无比想家。就像雅各一样，他们会发现提供给自己的床并不是他们熟知或喜爱的。"妈妈，"他们打电话回家说，"我睡不着，我们选错了枕头！这个枕头硬得像石头！"

在不稳定的几周或者几个月中，你的孩子也许只关注了缺席的天使：家长、老朋友以及最喜欢的老师，这些都是在家乡保护他们的人。起初，他们不会认出那些能够在不熟悉的新环境中帮助他们的人。但是，具有良好适应能力的青年旅行者——一个被允许体验违规、弄丢毛衣、只能拿到"B-"分数的人，已经准备好迎接这些挑战。

要给孩子时间去适应新的环境。受到家中善良、亲切、经验丰富的长辈鼓励后，他们会发现新的天使正在每一层梯级上等待着他们：住在宿舍的当地顾问、系主任、同行导师、辅导员、同事、舍友、老板以及出现在讲堂和特殊天使办公时间的教授。你的孩子也可能在一个新朋友的父母那里发现新天使——那些邀请他假期去家里玩的父母，以及那些做意大利千层面和蓝莓派并邀请邻居共享晚餐的父母。

我认识一个年轻人，他在公交车上找到了他的天使。斯宾塞长大了，他可以自己往返于纽约和费城这两个城市之间。但是他在上了匹兹堡大学后，就一直迷路。当他向一位公交车司机倾诉时，这位司机恰好阻止他在错误的站台下车。司机解释道："你必须忘记过去所用的坐标网格。在这个城市里，我们是靠几百座桥梁、山丘和河流作为地

211

标。然后你确定自己的方位,就能知道自己身处何方了。"

如果家长想让孩子认出这些从周围梯子上下来的新天使,你必须爬上自己的梯子。不要在第一个或者第二个梯级停留太久,不要一直叫醒孩子去上课,不要帮他们改论文,不要问他们晚餐吃什么,甚至不要太努力地去尝试修补一颗受伤的心。爬上梯子是对信任的测验——信任孩子的足智多谋和他人的善意,信任新的导师、公交车司机以及坚固的桥梁、山丘和河流。就像雅各在有机会反省自己奇怪的梦境并认识到梦境的庄严后,重新评估了自己的境况,他感受到自己被保护着,于是满怀信心地重新踏上旅程。

家长要有足够的信心放手,但也要允许自己因为孩子的离开而感到难过。一位担任公司主管的父亲告诉他的女儿,当他站在大学宿舍门前与她道别时,他认为这是人生中最悲伤的一天。确实如此。对于这位父亲和其他家长,我为你们挑选了莉迪亚·戴维斯的一首诗歌节选,这首诗带着敬意讲述了失去心爱之人的悲痛之情。诗歌的名字叫《头与心》:

头与心

心在哭泣。
头试着帮助心。
头一次又一次地告诉心这是怎么回事:
你会失去自己所爱的人……
然后,心感觉好多了。
但是头说的话并没有在心那里停留太久。

心对这一切都很陌生。

我想让他们回来，心说。

头是心拥有的全部。

头，救救我，救救心。

家长的悲伤是合理的。这是衡量你的爱与付出的尺度。家长通常会用担忧与烦躁来掩饰自己的难过，但你要做好准备接受这一切。家长现在也处于一个陌生的情绪环境中，也需要新的天使。在养成了鼓励、引导、支持和照顾的习惯之后，你可能很难撤退，很难继续前行，但终有一天你会做到。

然后，有一天，在孩子经历了一段很长时间的充满危险、乐趣与满足的旅程之后，他会回到家乡。如果你没有把门上"禁止入内"的贴条撕去，那他们一定会微笑地看着这张字条，然后说出那句他在童年时期常说的、让家长无比想念的话："和我一起躺下，别走。"

只是这一次，这句话有了全新的互动版本："你现在要去睡了吗？能像这样坐在厨房的感觉太棒了，我们能晚些睡，聊一会儿吗？我帮你泡杯茶怎么样？你最近过得怎么样？"

附录

给青少年父母的教养指南

我创作这部指南是为了给青少年的家长提供一个结构框架,让大家可以一起在小组中探讨《放手,才能强大》这本书中的话题。老师和辅导员也可以利用这本指南去组建属于自己的小组。其意义在于帮助大家大胆地说出自己的担忧、站在同龄人的角度看待问题,这可能是一种宣泄、宽慰,甚至是一种开阔眼界的方式。然而事实上,与那些年幼孩子的父母不同,青少年的家长们大多对参与育儿项目或讨论组表示缺乏兴致。

几年前,当我决定为青少年的家长们开设我的第一堂课时,我便亲眼见证过那种不情愿。我本以为,这堂课会与我之前为小学生的家长们开设课程时的情景相似:大家像蝴蝶一样涌向我的办公室,穿着鲜艳的衣服,带着明快的笑容落座;侃侃而谈,时而表现出同情的神色,时而微笑不语,好不欢乐。然而,当我走进为青少年家长们开设的课堂时,教室的光线仿佛发生了些许变化:家长们身着深色衣物,表情凝重;一个个都举手发言;即使我示意大家可以畅所欲言,他们依旧不愿多说。这些家长中很少有人承认保持沉默的原因:他们害怕泄露孩子的隐私,又或是担忧别人会觉得自己没把孩子教好。经过几番交流后，家长们发现，他们面临的很多问题表面上看起来截然不同，实际上却有太多共通点。一旦这层隔阂被打破，这群家长就会显得格外诚实有趣。

通过这个经历，我想告诉所有青少年的家长们，克服最初的压抑后，你们将获得一种平衡感——更深层次地理解育儿的痛苦，对养育青少年一事充满无限希望，同时深深地感激情谊的力量。

尽管你们对分享自身的育儿困惑这件事会有所保留，但我始终鼓励你们在小组内大胆尝试。以下是我多年来为创建强大的小组团队以及顺利展开讨论而制定的指导方针。

具体细节

群组规模是一个非常重要的因素，规模太小很容易变成纯聊天，规模太大又稍显正经以至于缺乏亲近感。你的目标是：一个小组中有10~12名成员（如果小组中有一个专业的领导者，比如青少年发展专家、顾问或心理学家，那么小组规模还可以更大，差不多20人左右）。

"你的小组准备在何时何地举行会面？"这个问题的答案完全取决于小组成员自身：外出工作的家长可以在工作日的晚上会面；那些时间相对灵活的家长可能更希望在白天把孩子送到学校不久后出来会面。通常周末的会面比较难安排，因为这个时间段会和家长们接送孩子上各种兴趣班的时间相冲突。当然也会有例外，对于犹太父母来说，如果学校或犹太会堂能够提供一间会面室的话，那你们可以在孩子们上课的时候集合，这可就太方便了。

大多数的书籍讨论小组是在小组成员家中举行的。轮流在每个成员家中举行讨论会的好处在于更容易分配接待和旅行的任务，而一直在同一个成员家中举行会面也有优势——更便于记住路线和彼此熟悉。

如果你们能很快举行会议的话，我建议最好将会议时间设置在一个半小时左右；如果想在会议正式开始前安排一个简短的闲谈环节，那么两个小时的会议时间会更加合适。大家可以考虑一下在固定的时间段内每周见一次面，如此循环往复6~8次。当然也可以根据成员们的意愿随时调整日程安排或者拓展小组规模。

虽然面对面的会面形式更好一些，但小组也可以借由视频会议以及在线讨论的形式在网上会面。当大家无法到场见面时，网络会议确实是个不错的替代形式。

如何寻找与会者

正如我在前面所提到的，家长们通常不愿意去讨论他们的问题。在一所高中，急于提高升学率的辅导员将讨论组的主题从"理解青少年的社交和情感发展"改为"如何让孩子上大学：青少年社交和情感发展的影响"。由于几乎没有家长能达到这一要求，教室里挤满了人。我怀疑家长们需要耍点小聪明才能找到小组成员。除非你已经认识几个想要组织小组讨论会的家长，否则你不光需要持久的毅力，还需要掌握各种轻松解决问题的能力。你应该尝试着向学校、会堂或社区中心的通讯留言板提交一份声明，或者把声明发布在社交网站上。你可以写一些话，像是"远离青少年！结识有同样问题的新朋友；结交新朋友,鼓励但不强求分享个人心事……如果你是一个拥有完美孩子的完美父母,你将得不到邀请"。也可以给那些经常和青少年家长们保持联系的人发一封类似的邮件来告诉他们你的小组,这些人包括学校管理者、教练、私人音乐老师、辅导老师、图书馆管理员、家长协会的负责人或者彼此熟识的邻居孩子的妈妈,请他们将信息转发给潜在的小组成员。另一种方法是寻找相关网站的会员,这个网站为博客爱好者们提供了成立图书讨论组的机会。

核心人物

我们都知道,在读书俱乐部里,大家几乎从不讨论书籍。如果你想让你们的育儿小组活跃起来,不妨考虑一下聘请或任命某个人来带领整个团队。这个核心人物会提供一些框架,让成员们更自信地进行更深入的对话。

如果你的小组已经选出了一位领导人物,那大家应该赋予他说下面这些话的权利:"我们已经偏题了""让我们一起来听听其他人的想法""这是一个很不错的观点,几周后我们可以深入讨论一下这一话题。"一个专业的领导人员确实能够做到这些,也可以提供一些专业知识。我建议选择辅导员、社工担任这一角色,务必确保此人有和青少年相处的经验。虽然学校的管理人员和老师们也能成为很棒的领导者,但还是要避免任用那些在小组成员孩子就读学校就职的人(除非该学校辅导员专门成立这类的组织),否则这种熟悉感很难让家长们彼此坦诚相待。

基本规则

一些必要的基本规则能够让小组成员们相处得更融洽、更有安全感,以下是小组可能面对的境况:

- 如果组长不负责相关的组织细节,那么立刻委派其他人承担这个任务。这个人要做到保存联络信息、发送会议提醒以及处理其他后勤问题。如果有成员无法准时到场参会,应第一时间告知此人。

- 会议将定期举行,不会因为个别成员的特殊需求而重新安排时间。小组成员们必须尽可能地准时到场并参与整场会议。

- 小组成员要认可父母以及青少年双方的隐私,其他家庭出于信任而告知你他们的家庭信息时,你应该倍感荣幸。所有人都要对小组中发生的对话保密。

- 没有人被强制要求分享关于个人、家庭或孩子的信息。小组应该同意成员们有权"跳过"讨论并保持缄默,其他成员不得干预。

- 成员们要时刻注意克制自己垄断议题的冲动。此外,尽量避免干扰他人,给所有人提供同等的交流时间。

- 成员们用恭敬、积极的方式来评价他人的育儿决定。与其肆意提议、分析、高谈阔论或是随意预测孩子的命运,不如好好倾听他人的想法。

《放手，才能强大》育儿小组课程

下面是一个育儿小组的课程，共分为 7 节课。每节课包括一份阅读任务以及问题讨论。家长们不要被问题的数量吓到。我提出的问题数量远远超出了一个小组 90 分钟内讨论的议题范畴，组长和成员们可以基于各自的兴趣选择问题。由于成员们需要就其中某些问题进行独立思考或研究，因此负责人必须在会议开始前将所有问题转发给每一个成员。

第一课

阅读任务

第 1 章　认识你的青春期孩子

第 2 章　个性之福：接受青少年独一无二的特点

以介绍开场。邀请成员们说出各自的姓名以及孩子的性别、年龄和年级，如果大家愿意的话，还可以进一步讨论他们希望小组讨论的话题。接下来可以在房间里走一走，共享各自对于指定章节的看法（哪方面比较突出？你如何理解？），然后听听成员们对所选问题的回答，同时记得提醒大家作答时有权直接"跳过"自己这一部分。另外，对自己和其他成员要尽可能地保持耐心和宽容，因为这些话题中有一部分比较微妙（敏感）。

问题讨论

1. 就将青春期比作以色列人穿越沙漠之旅这一观点进行讨论，你的孩子在哪些方面还不够成熟因而无法实现理想？

2. 你如何描述自己的青少年时期？你希望保护孩子免于你曾经历的伤害，还是希望他能有一段相似的历程？

3. 截至目前，你会如何描述孩子的青春期？你对孩子的青春期之旅有何担忧？在接下去的几年中，你有什么期待？

4. 作为家长，你的管教风格是怎样的？你是否更倾向于事无巨细、时刻忧心的管教模式？你是喜欢对孩子发号施令并且希望他全部遵守，还是会更加随和？每种方式各有什么优缺点？你如何培养"超然的同情心"这一品质？

5. 想想那些快乐积极、充满阳光的青少年家长们，你如何评价他们的教育方式？采访1~2个学校的管理人员或教师，问一下他们是如何在应对各种狗血事件的同时还能保持住自己受人尊敬的领导者形象。然后，和小组成员们一起分享自己的观点。

6. 对于孩子的未来，你有何想法？你的这种想法和孩子自己的规划有哪些不同？

7. 总结一下孩子的天赋和意愿。想想你是否曾期望孩子能做出一些改变，而这些改变其实有违孩子的天性？你在什么地方允许孩子伸懒腰？

8. 你觉得家长适合在什么时候坚持让孩子为将来能生活得更好而培养各种技能呢？对于"即使青少年很抗拒，但他们

放手，才能强大
The Blessing of a B Minus

也必须掌握一门乐器、熟练精通一门外语、擅长至少一种运动或者发展一门专业的学术知识领域"这一观点，你有何看法？

9. 回顾过去的一周和一个月，试着列出一份类似于前文提到的赏识清单，然后认真审视你的孩子，想想你欣赏他身上的哪些优点呢？

第二课

阅读任务

第 3 章　尊重之福：冷静看待青少年的无礼行为

问题讨论

1. 如今的青少年们真的不如前几代的青少年那样有礼貌吗？还是长辈们总是对青少年表现出的幼稚感到无比绝望？

2. 你在家学到的哪些礼节对你将来的生活有好处？有哪些是带有强迫性质的或是没必要去学的？在社会教育中，你忽视了哪一点？

3. 填空：我一直希望在我的家里培养相互尊重和礼貌的习惯，但事实上我一直在与＿＿＿＿＿＿作斗争。

4. 列出你家中最低的尊重标准，比较它与《放手，才能强大》第 3 章中所列清单有何不同？与小组中其他人的清单又有何不同？你有没有发现，对于青少年的得体举止，大家有一种普遍的共识，又或者说大家好像都缺乏某种社会共识?

5. 很多与我合作过的家长都愧疚地将他们与孩子之间的相处模式描述为:"好,好,好……刻薄!"换句话说,家长们不断地让自己适应青少年的各种挑衅举动,直到最后怒火中烧,彻底爆发。这种模式也同样适用于描述你与孩子的相处模式吗?有没有一个更有效的模式呢?这种更有效的模式应该是怎样的呢?你一般是用什么方法转变情绪呢?

6. 有没有可能你的孩子过于礼貌?他是一个擅长讨好别人的人,还是一个极度压抑自己的人?或者,他在与同龄人交往时并不像你希望的那样坦率?

7. 你是否相信家长和孩子在说脏话、信守承诺和守时方面存在双重标准?

8. 你在每个工作日的早晨都会叫醒孩子吗?你介意用这样一种方式开启自己的一天吗?这种方式的潜在缺点是什么?

9. 列举一些你为孩子"把钱存进'善意'银行"的方法,说说它们是否奏效?

第三课

阅读任务

第 4 章 责任之福:作业、家务和工作的真正价值

问题讨论

1. 你自己的家务活有哪些?你对于做这些家务活的态度是什么?

2. 将你想让孩子去做的事情列个清单（这个清单可以包含具体的家务、完成家庭作业或者得到一份有报酬的工作）；然后列出可能阻止你坚持下去的阻碍。如果你愿意的话，可以将这两份清单和小组成员一起分享，并征求他们的意见。

3. 关于孩子的作业任务，家长参与多少比较合适？不去插手的话会更好吗？与孩子上学之初相比，现在你的看法发生了哪些变化？

4. 你是否允许孩子的卧室凌乱不堪？或者说，你是否赞同混乱的空间意味着混乱的思想这一观点？

5. 如果你的孩子在房间里随意乱堆东西，你是否会进入孩子的房间去帮他整理笔记本、衣物、纸张和垃圾？如果在没有经过孩子同意的前提下将这些东西统统扔掉，你觉得合适吗？说出这些做法的优缺点。

6. 在工作稀缺的经济形势下，无薪实习作为一种获取经验的方式正变得越来越受欢迎。然而在第4章中，我将这种实习与那些普通无趣的带薪工作进行了对比，你觉得我这种观点属于已经过时、不切实际还是明智的？

7. 你的孩子有工作了吗？在你那边最合适的兼职机会是什么？

第四课

阅读任务

第5章 自制之福：引导青少年的"恶的冲动"

问题讨论

1. 你在十几岁时最喜欢哪些衣物、体育器材、装饰品、小零碎、小工具或其他玩具？

2. 当你还是青少年时，有没有什么东西是你一直梦寐以求却从未得到的？你会感到很沮丧吗？这种沮丧的感觉对你产生过什么消极/积极影响？

3. 你的孩子是否过于追求物质？你树立的榜样如何强化了这一趋势？

4. 有些青少年喜欢看上去个性鲜明的打扮，有些却喜欢穿又旧又脏的衣服，如果你的孩子对你认可的装扮方式不感兴趣的话，他想用这种风格表达什么？你希望自己在执行穿着标准这一事件中扮演什么样的角色？

5. 邀请小组成员在课上大声朗读第5章中讲到的莉莉和那辆不被喜欢的宝马车的故事，你对莉莉父母作出的回应有何感想？如果你的孩子对一份慷慨赠送的礼物心生抱怨的话，你会做何反应？

6. 想一想，如果你的孩子因为你没有给出特定的（她/他心目中想要的）东西或服务而生气，你会怎么做？如果你希望用另一种方式处理这一情况的话，可以和小组里的另一位家长一起角色扮演一下。

7. 你有没有过"健康的自恋"？有什么方式能让你坚信美丽的外表和关注内在需求同样重要？

8. 重读第5章中毕业礼服的故事，你同情妈妈A或妈妈B吗？为什么？

第五课

阅读任务

第6章　独立之福：让孩子自主解决问题

问题讨论

1. 你的孩子对痛苦的容忍极限在哪里？是在数学、体育还是在诸如校对或记忆这类枯燥无趣的任务上？你认为你的孩子对来自朋友的奚落或大人的批评很敏感吗？

2. 当一个合理的问题出现时，你认为孩子在哪些地方会因为过于宽容而无法捍卫自身权益？

3. 你是否经常急于将孩子从不愉快的情境中解救出来？思考一个特定的实例，你是乐意自己出手干预还是后悔自己的做法？如果你希望将来有所不同的话，如何提醒自己三思而后行？

4. 青少年有权利犯错并从中吸取教训，家长同样如此。当你意识到自己在育儿方法上犯错时，你是什么感觉？你想在为孩子树立一个自我接纳的榜样吗？

5. 前文中描述了区分危机与紧急状况的必要，与小组成员共享区分的方法。

6. 你在青春期有过哪些有益的危险经历？你出门旅行时没有成年人在一旁监管吗？你会花时间与那些和家人或周边人截然不同的人相处吗？你有过因为想要自由而对父母隐瞒行踪的经历吗？这些经历如何让你为将来的生活做好准备？

7. 你是否患有"不良世界综合征"？如何培养一种对于社会环境的既充满危险性又具有现实性的看法呢？

8. 你是否经历过那种给人留下持久不安感的危险？这些经历让你学会了一些小伎俩，还是对你造成了某些伤害？这些经历对你的育儿方式产生了怎样的影响？

第六课

阅读任务

第7章 时间之福：为休息和娱乐腾出时间

问题讨论

1. 在孩子还小的时候，你有没有带他去参加过一些传统活动？如果有的话，那你的孩子现在依然热衷参加吗？如何处理青少年不愿意参加传统活动的问题？

2. （针对犹太家庭而言，）当孩子还小的时候，你们有庆祝过安息日或休息日吗？现在呢？你用什么办法将安息日精神贯穿日常生活？

3. 你的孩子有足够的睡眠和休息时间吗？

4. 当一个超负荷学习后已经筋疲力尽的青少年坚持声称自己"喜欢忙碌"或者"不需要很多睡眠时间"时，你觉得该以什么样的方式介入比较好？在让青少年了解超负荷的不利影响和保护他们免受过度竞争的压力之间，你怎样划清界限？

放手，才能强大
The Blessing of a B Minus

5. 当你还是青少年的时候，哪种活动能带给你源源不断的乐趣？

6. 你的孩子最喜欢的放松方式是什么？这种方式是否有冒犯、惊吓或惹恼你？

7. 有很多家长说他们感觉自己被孩子冷落了，而且时常感到筋疲力尽，对此，你做过哪些尝试？你拓展过自己的社交圈吗？哪些方法起作用了，哪些没有？

8. 你怎么看待孩子进你的卧室这件事？你有完全属于自己的私人空间吗？

第七课

阅读任务

第 8 章　经验之福：把现实生活当成道德实验室

问题讨论

1. 重读前文中谈到的"当孩子违反规则时，家长们会陷入何种陷阱"部分，哪种陷阱常常会诱惑你？你如何避免它们？

2. 当你还是青少年的时候，你的父母是如何管教你的？他们会放任不管吗？他们使用过体罚或羞辱的方式吗？他们是否按照威胁你的那样去做？扪心自问，在父母的管教方式中，哪些方面帮你获得了道德感，哪些方面让你感到被拒绝或羞耻？

3. 想一想青少年身上最常见的 3~4 种错误言行，并分别举例说明。与小组成员们一起分享这些事例。

4. 快速说出你孩子的 5 个最糟糕的品行。别想太多！现在，将刚才说的 5 种糟糕言行重塑为天赋或积极的属性。记住，千万不要嘲讽。想想你如何为孩子提供发挥这些美好品质的途径？

5. 通过回答前文中的问题，进一步认识我们都会有的双重标准。你能发现你的言行间有何矛盾之处吗？你能作出改变吗？如果你想要改善这种局面，预期一下会出现哪些障碍？

结　语

　　和其他父母一起做伴在青春期的沙漠中旅行是一件很有启发性且令人宽慰的事情，因此就像开始组建这个小组时困难重重一样，结束的时候同样艰难。当 7 节课结束后，我们说上一句暖心的告别……也可以和相处愉快的朋友交换邮箱地址或成为网友。你们也可以考虑举行更深一层的会面。犹太传统习俗是一小群人定期会面庆祝安息日、生命周期事件或者其他节日，这为那些家长尤其是将来很可能面临空巢的家长们提供了一个很好的借鉴。

致 谢

我要感谢莱安·赫希曼，她是一名优雅、沉着，拥有爽朗笑声的编辑。谢谢你，莱安，你是"无私又大胆的建筑师、外科医生及舞蹈编导"。萨曼莎·马丁是我在斯克里布纳时的编辑，感谢你的忍耐力、精准的判断力和极强的同理心。感谢我十年来的文学经纪人，搞笑又经验十足的贝齐·阿姆斯特。感谢我的演讲经纪人黛比·格林，正是你的魅力、坚持与机智，才使我的育儿理念能够一次又一次得以发扬。

致所有心理健康顾问、学校顾问、学校管理员以及参与"学生权益倡导者"工作的同事们——雷维塔·鲍尔斯、迈克尔·布洛斯南、莎伦·梅洛·库西奥、已故的卡罗尔·艾略特、加里·艾莫里博士、玛丽·福弗、特里·孔、佩蒂·兰卡斯特、玛西亚·莱金博士、希拉·西格尔博士、弗兰·斯科布以及斯坦福大学"挑战成功"项目的玛德琳·莱文博士和丹尼斯·克拉克·波普博士，他们坚称，保护青少年免受破坏性压力的干扰，就可以达到公共政策的水平。他们深信，就像女权主义者哭喊着要"夺回夜晚"一样，我们也可以"夺回孩子"。我还要感谢位于加州的顶尖高中哈佛西湖学校以及十字路口学校，他们提交了52个犀利又走心的问题。还有位于新泽西州利文斯顿的约瑟夫·库什纳中学希伯来学院的老师芭芭拉·多伊奇，她说:"把青少年想象成孕妇,这种想法很有意义。因为青少年每天都在发生变化,他们一直在准备着迎接全新的自己。"还有一位女士,在多年前的一次演讲后,递给我一个布包,里面装满了印在小纸片上的犹太式祝福语:谢谢你把书中引言部分的祝福语介绍给我。

致朋友与家人:感谢我那坦率又热情的侄女西亚多拉·托尔金对大学生活的反思;以及亲爱的朋友劳丽·古德曼!感谢在我发现自己陷入育儿或写作低谷时期,来自各方的趣闻轶事以及安慰与帮助;感谢民俗学家简·贝克邀请我加入了一个群体,这个群体正在为孩子敢于从高高的船屋顶上跳入湖中而大肆庆贺;感谢达西·韦伯,他博览古代犹太人的书籍,并且能针对现代的问题找出很棒的解决方案;感谢邻家的青少年——杰西、艾比、米尔、奥利维亚 K.、奥利维亚 L. 以及泰勒,他们总是满怀真诚地向我打招呼:"你好吗,温迪?"这让我感到非常惊喜。

尤其要感谢我的女儿,苏珊娜和艾玛,正是她们对于活出自我的热情不断激励着我;还有我的丈夫迈克尔·托尔金,四十年来,感谢你一直在帮助我深入理解万物是如何相融的。

温迪·莫戈尔

图书在版编目 (CIP) 数据

放手，才能强大：犹太父母如何教育青春期孩子 / （美）温迪·莫戈尔著；俞婷译. —北京：中央编译出版社，2022.4

书名原文：The Blessing of a B Minus: Using Jewish Teachings to Raise Resilient Teenagers

ISBN 978-7-5117-4140-0

I.①放… II.①温…②俞… III.①犹太人－青春期－家庭教育 IV.① G789.382

中国版本图书馆 CIP 数据核字（2022）第 028758 号

THE BLESSING OF A B MINUS: USING JEWISH TEACHINGS TO RAISE RESILIENT TEENAGERS By WENDY MOGEL, PH. D.
Copyright:©2010 BY WENDY MOGEL
This edition arranged with BETSY AMSTER LITERARY ENTERPRISES
through Big Apple Agency, Inc., Labuan, Malaysia.
Simplified Chinese edition copyright:
2022 Beijing Green Beans Book Co., Ltd.
All rights reserved.

北京市版权局著作权合同登记号：图字 01-2022-0401 号

放手，才能强大：犹太父母如何教育青春期孩子

著　　者	[美]温迪·莫戈尔
译　　者	俞　婷
责任编辑	李媛媛
责任印制	刘　慧
出版发行	中央编译出版社
地　　址	北京市海淀区北四环西路 69 号（100080）
电　　话	（010）55627391（总编室）　（010）55627319（编辑室） （010）55627320（发行部）　（010）55627377（新技术部）
经　　销	全国新华书店
印　　刷	河北鹏润印刷有限公司
开　　本	710 毫米 ×1000 毫米　1/16
字　　数	185 千字
印　　张	15.5
版　　次	2022 年 4 月第 1 版
印　　次	2022 年 4 月第 1 次印刷
定　　价	42.80 元

新浪微博：@中央编译出版社　　　微　信：中央编译出版社（ID：cctphome）
淘宝店铺：中央编译出版社直销店（http://shop108367160.taobao.com）（010）55627331

本社常年法律顾问：北京市吴栾赵阎律师事务所律师　闫军　梁勤
凡有印装质量问题，本社负责调换，电话：（010）55626985